Chépa quoi faire !

100 ACTIVITÉS AU FIL DES MOIS

Christophe Lécullée et Isabelle Peltier-Lécullée

Illustrations et réalisations de **Magali Bardos**

À Clément et Maud.

C. L. et I. P.-L.

Merci à Céleste pour son aide
et à Octave pour sa ponctualité.

M. B.

Actes Sud Junior

Ce livre appartient à :

....

Les activités de ce livre sont à réaliser en présence ou sous contrôle d'un adulte.

Éditorial :
Laure Dufresne

Conception graphique
et direction artistique :
Guillaume Berga

ISBN 978-2-7427-6949-0

Loi 49-956 du 16 juillet 1949
sur les publications destinées à la jeunesse

Ce livre-agenda est conçu pour que votre enfant se l'approprie.
Nos activités sont organisées au fil des saisons.
Elles nécessitent peu de matériel. Elles sont toujours simples à réaliser et peuvent durer quelques minutes comme quelques heures.
Elles sont accompagnées de propositions multiples destinées à les enrichir et à les faire évoluer.

Nous avons voulu un ouvrage qui permette de lancer de réels projets d'activité.
Votre enfant pourra apprendre à s'identifier, développer son intelligence, ses connaissances, sa culture et ses savoir-faire.
Le parcours sur l'année privilégie la manipulation, la découverte de son corps, l'expression, le langage, le développement de soi, la nature et la connaissance du monde.
Le patrimoine culturel et familial est pris en considération.
Les approches artistiques favorisent des choix esthétiques contemporains.
Quelques objets de mémoire comme « L'album de mon doudou », « Le cahier d'identité », « Le carnet de voyage »... laissent des traces que votre enfant aura plaisir à retrouver, à feuilleter tout au long de l'année... et même de sa vie.

100 activités au fil des mois sera pour vous l'occasion de vivre des moments privilégiés d'échange, de plaisirs partagés...

Christophe Lécullée et Isabelle Peltier-Lécullée
Formateurs d'animateurs,
enseignants à l'école maternelle et élémentaire,
formateurs à l'IUFM de Créteil.

L'automne

L'album de mon doudou

Il te faut : de la colle, un beau cahier ou un album photo, un appareil photo, des feutres.

Les vacances sont finies…
Ton doudou va t'aider à reprendre tes habitudes.
Tout au long d'une journée, il va t'accompagner. Photographie-le en train de faire les mêmes activités que toi : les repas, la toilette, les jeux, le coucher… Amuse-toi à ranger ces photos dans l'ordre de la journée puis installe-les dans un album, un cahier. Demande à tes parents d'écrire tes commentaires sous les photos.

Pense à compléter « l'album de mon doudou » tout au long de l'année.

DEMANDE À TES PARENTS DE PRENDRE TON DOUDOU, UN NOUNOURS OU UNE POUPÉE QUE TU AIMES BIEN ET DE LE FAIRE PARLER. VOUS POURREZ DISCUTER, CHANTER ET VOUS RACONTER DES TAS D'HISTOIRES.

Confiture de mûres

Il te faut : une balance, une casserole, une cuillère en bois, une assiette, des petits pots, des mûres, du sucre cristallisé.

Choisis des fruits bien noirs et pas trop durs. Équeute puis pèse les mûres. Verse-les dans une casserole. Ajoute le même poids de sucre. Mélange bien. Demande à un adulte de faire cuire 30 minutes environ.

Pour savoir si ta confiture est cuite, dépose un petit peu de confiture sur le bord d'une assiette. Place l'assiette au congélateur, la confiture doit se figer rapidement. Remplis des pots que tu auras nettoyés très soigneusement.

Décore les pots avec de jolies étiquettes, invente un nom à ta confiture : *Confiture du bout du jardin*, *Mûres du mur de mon grand-père*, *Orage de sucre et écume noire*, *Mûrmures*, *Recette réalisée par…*

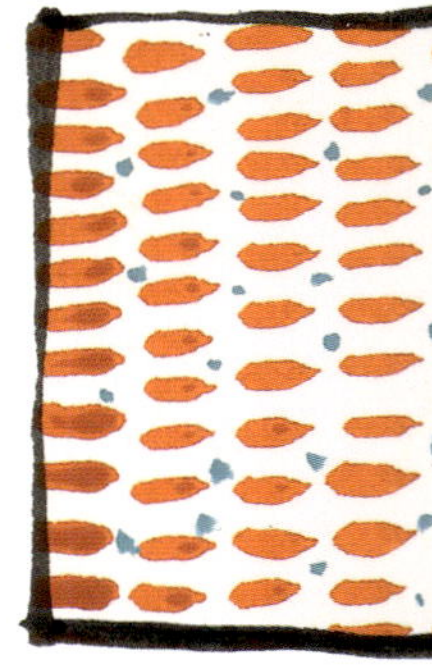

Ma famille à l'envers : la retournette

Il te faut : des photos, du papier cartonné, une paire de ciseaux, de la colle.

FABRICATION DU JEU

Choisis une photo des différents membres de ta famille ou d'amis. Il faut au moins douze personnes différentes.
Les photos doivent avoir toutes le même format (un carré de 4 cm de côté).
Le nom de chaque personne doit être écrit sous la photo (Maman, Papy...).
Reproduis un deuxième exemplaire de chaque photo avec le nom.
Le plus simple est d'utiliser un ordinateur ou de faire des photocopies en couleurs.
Colle les photos sur du papier cartonné.
Tu peux aussi les plastifier.

RÈGLES DU JEU (LE MÉMORY)

À partir de deux joueurs.

Retourne toutes les images à l'envers sur la table.

Le premier joueur retourne deux images à l'endroit. Les deux joueurs doivent bien les regarder.

Si les deux images sont identiques, le joueur les garde et rejoue.

Si elles sont différentes, il les replace au même endroit à l'envers.

C'est au second joueur de jouer.

Le jeu se termine quand toutes les paires ont été retrouvées. Le gagnant est celui qui a le plus de cartes.

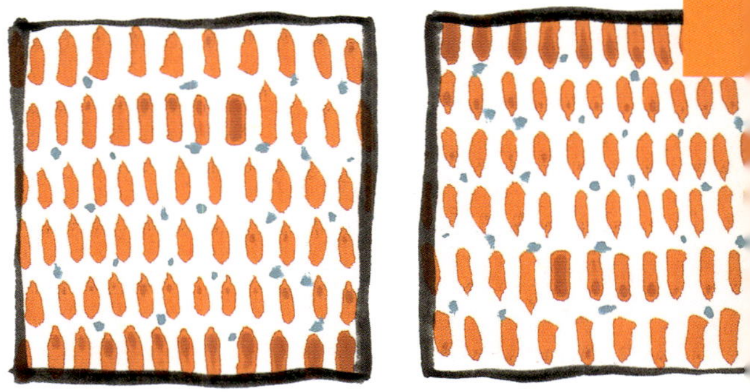

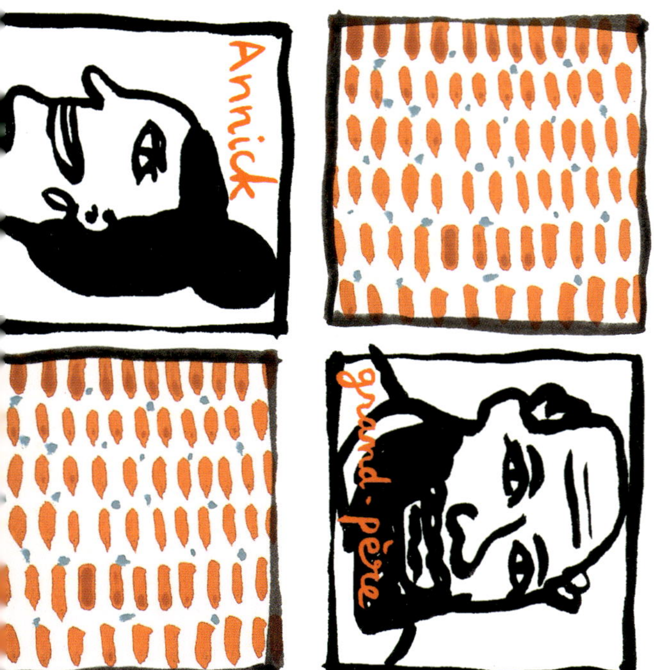

TU PEUX AUSSI FABRIQUER DES RETOURNETTES AVEC LES LETTRES DE L'ALPHABET, DES FIGURES GÉOMÉTRIQUES, LES COULEURS, DES JEUX DE CARTES TRADITIONNELS...

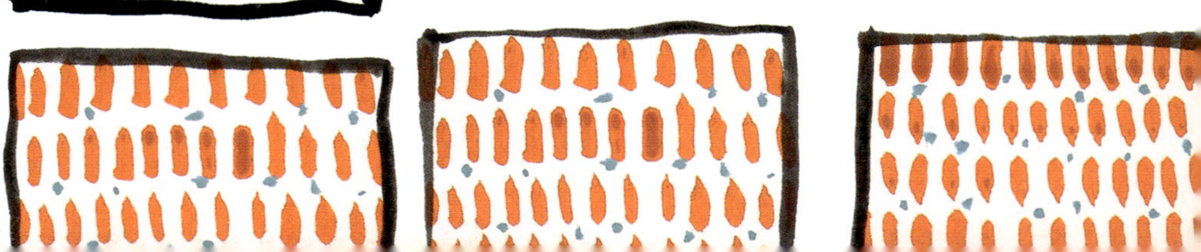

Modelage Hamadboules et Bestioles

Il te faut : un pain d'argile blanche ou rouge (la pâte à modeler peut convenir pour l'Hamadboules), du raphia, une petite branche d'arbre.

Demande à un adulte de te couper une grosse tranche de terre.

HAMADBOULES

Prends un petit morceau de terre et roule-le dans la paume de tes mains ou sur la table. Vérifie que ta boule est bien ronde en la faisant rouler. Façonne de nombreuses boules de toutes les tailles puis installe-les ensemble selon ton idée.
Tu peux laisser sécher ou faire une photo de ton installation avant de tout écraser.
Tu peux aussi utiliser de la pâte à modeler de toutes les couleurs.

LA TERRE EST UN MATÉRIAU QUE LES HOMMES UTILISENT DEPUIS TOUJOURS. PRENDS BIEN LE TEMPS DE JOUER AVEC LA TERRE, DE PÉTRIR, DE MALAXER, D'APLATIR, DE DÉCOUVRIR SES POSSIBILITÉS. PENSE AUSSI À TE SERVIR D'OUTILS COMME DES COUTEAUX À BOUT ROND, DES PIQUES À BROCHETTES, DU FIL DE FER... ET TOUT CE QUE TU SOUHAITES ESSAYER. MAIS DEMANDE AVANT SI CE N'EST PAS DANGEREUX !

PIÈGE À BESTIOLES

Les bestioles : En roulant la terre sur la table avec tes deux mains, façonne un colombin le plus long et le plus fin possible. Enroule le colombin sur lui-même en spirale, ou fais un nœud en l'utilisant comme une ficelle. Recommence avec d'autres colombins en variant les formes.

Le piège : Prépare un mobile en accrochant des fils ou du raphia à un bâton (petite branche d'arbre). Le lendemain, une fois la terre sèche, attache les bestioles en les emmêlant dans les fils (de trois à cinq par fil). Demande à tes parents de t'aider : la terre n'est pas cuite, elle se casse facilement ! Suspends délicatement ton « piège à bestioles ».

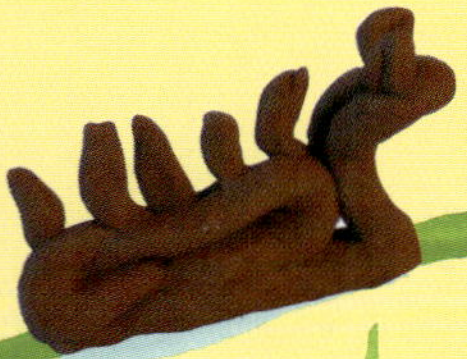

UN PETIT TRUC POUR GARDER PLUS LONGTEMPS TON PAIN DE TERRE : CONSERVE-LE DANS UN SAC PLASTIQUE BIEN FERMÉ. TU PEUX MÊME L'ENVELOPPER D'UNE SERPILLIÈRE OU D'UN TORCHON LÉGÈREMENT HUMIDE AVANT DE L'ENFERMER.

Mon cahier d'identité

Il te faut : un beau cahier avec des pages blanches, des photos, des feutres, etc.

Sur la couverture, colle une photo de toi et écris : « MON CAHIER D'IDENTITÉ » ainsi que ton prénom.

Au fil des pages (une par information), consigne les renseignements suivants :

Je m'appelle… , je suis né le…, j'ai… ans, je mesure…, mes yeux sont…, mes cheveux sont…, voici mes empreintes de mains et de pieds (à la peinture)…

Voici des photos quand j'étais plus jeune (bébé, 1 an, 2, 3…), mes parents, mes frères et sœurs, mon arbre généalogique, mes animaux, mon doudou, mon adresse, ma maison, ma chambre, mes amis, mes loisirs, mes jouets, ce que j'aime manger, ce que je n'aime pas, mes jeux préférés, ceux que je n'aime pas, ma maîtresse, mon école, mes livres préférés, des images ou reproductions d'œuvres d'art que je trouve belles…

Dicte des textes à tes parents et écris quelques mots tout seul. Pour illustrer ton cahier, dessine, colle des photos et utilise des images découpées dans des catalogues (de jouets, de livres, d'alimentation…).

Jacinthes pour Noël

Il te faut : des bulbes de jacinthes, des petits pots, de la terre, un peu d'engrais.

Si tu veux offrir des jacinthes pour Noël ou la nouvelle année, voici quelques conseils qui t'aideront à les faire pousser plus rapidement.

Dès que tu as acheté tes bulbes, place-les dans le bas du réfrigérateur pour une quinzaine de jours. (Les bulbes ont besoin d'une période de « refroidissement » que tu vas créer artificiellement.) Plante-les dans des petits pots remplis de terre, pas trop profondément. Installe les pots dans une pièce qui ne reçoit pas de lumière, pour environ un mois. Pendant cette période, n'oublie pas d'arroser de temps en temps tes bulbes. (Les bulbes, privés de lumière, vont développer leurs racines.)

Sors tes bulbes à la lumière et continue de les arroser régulièrement en ajoutant à l'eau un peu d'engrais. Rapidement, tu vas voir sortir la hampe puis la fleur.
Tu peux décorer tes pots de rubans ou les peindre.

IL EXISTE D'AUTRES FAÇONS DE VOIR NAÎTRE DES PLANTES : TU PEUX SEMER DES GRAINES (REPORTE-TOI À L'ACTIVITÉ PAGE 81). TU PEUX PLANTER DES TUBERCULES (ACTIVITÉ PAGE 88). TU PEUX FAIRE DES BOUTURES (FRAGMENT DE PLANTE ENRACINÉ QUI DONNE NAISSANCE À UNE NOUVELLE PLANTE).

Un peu d'ombre !

Il te faut : un projecteur ou un spot, éventuellement un grand drap, de la ficelle, des pinces à linge ou des épingles à nourrice.

FAIRE DES OMBRES

Ferme les volets et fais le noir dans la pièce.
Place un projecteur le plus loin possible d'un mur vide et éclaire-le.
Place-toi dans la lumière, tu vois ton ombre sur le mur.

Si tu as de la place, tu peux aussi tendre un grand drap sur une ficelle en hauteur en le fixant avec des pinces à linge ou avec des épingles à nourrice.
Le drap doit juste effleurer le sol.
Cela permettra à des spectateurs d'observer ton ombre sans te voir.

JEUX D'OMBRES CORPORELLES

Prends bien le temps de jouer avec ton ombre, sans oublier de la regarder.

Tu peux aussi :
– danser sur de la musique ;
– fixer une feuille au mur et, avec l'aide d'une autre personne, dessiner le contour de l'ombre de ta main, de ton profil ou de toute ta silhouette (si tu as de grandes feuilles) ;
– faire photographier ta silhouette de profil. Cette photo pourra enrichir ton cahier d'identité (voir page 12).
Essayer de faire des ombres chinoises.

Voici quelques questions auxquelles tu peux essayer de répondre en jouant :

Comment agrandir ton ombre ?
Comment avoir quatre bras ?
Comment une personne peut-elle en cacher une autre ?
Comment être plus grand que ses parents ?
Comment être traversé par un objet sans avoir mal ?

POUR FAIRE UNE OMBRE, IL FAUT : UNE LUMIÈRE, UN OBJET OU UNE PERSONNE QUI VA CACHER UNE PARTIE DE CETTE LUMIÈRE ET UN ESPACE ÉCLAIRÉ OÙ L'ON VERRA L'OMBRE DE L'OBJET OU DE LA PERSONNE. CETTE OMBRE S'APPELLE L'OMBRE PORTÉE. C'EST UNE ABSENCE PARTIELLE DE LUMIÈRE. (VOIR AUSSI L'ACTIVITÉ PAGE 31.)

Kim vue

Il te faut : une dizaine d'objets différents ou d'images, un grand tissu opaque ou une grande feuille de papier.

Ce sont des jeux de mémoire visuelle et de langage.
À partir de deux joueurs.

KIM CACHÉ

Cinq objets sont posés sur une table au milieu des joueurs. Après un temps d'observation, le meneur les recouvre d'un grand tissu. Les participants nomment de mémoire tous les objets cachés sans en oublier. Après échange des rôles, on ajoute un objet… puis deux…

KIM RETIRÉ

Les objets sont posés sur la table. Le meneur en enlève un et le cache pendant que les joueurs ferment les yeux. Quel objet manque-t-il ?

KIM AJOUTÉ

Le meneur ajoute un objet pendant que les joueurs ferment les yeux. De quel objet s'agit-il ?

KIM DÉPLACÉ

Un objet est déplacé. Lequel est-ce ? Quelle était la place qu'il occupait ?

KIM ÉCHANGÉ

Les places de deux objets ont été permutées. Quels sont-ils ?

KIM ORDONNÉ

Les objets sont alignés dans un ordre puis mélangés. Un joueur doit les repositionner suivant l'ordre initial.

En jouant à partir d'une catégorie : animaux, véhicules, vêtements, outils, ustensiles de cuisine... ce jeu permet d'apprendre des mots nouveaux.

POURQUOI CE JEU DE MÉMOIRE ET DE LANGAGE S'APPELLE-T-IL LE JEU DE KIM ?
KIM EST LE HÉROS DU ROMAN ÉPONYME DE R. KIPLING (1901). CE JEUNE ORPHELIN, FILS D'UN OFFICIER IRLANDAIS DANS L'ARMÉE DES INDES, AIME L'AVENTURE. IL SERVIRA DE MESSAGER PUIS D'AGENT SECRET AUX BRITANNIQUES. PAR SOUCI D'EFFICACITÉ, KIM S'ENTRAÎNERA À OBSERVER LES MOINDRES DÉTAILS DE SON ENVIRONNEMENT AFIN DE POUVOIR LES RESTITUER À SES SUPÉRIEURS.

Dominos à manger

Il te faut : un grand plateau, un couteau, un paquet de petits-beurre, un pot de pâte à tartiner au chocolat, des perles en sucre, un morceau d'angélique confite ou un autre fruit confit (à recouper en petits bâtonnets).

Tartine les petits-beurre avec la pâte. Pose dessus les perles de façon à imiter des dominos. Sépare les constellations (les points) avec un petit morceau d'angélique.

Dispose les dominos sur le plateau afin de représenter la fin d'une partie… puis mange-les !

SI TU AS PLACÉ DES BULBES DE JACINTHES DANS LE BAS DU RÉFRIGÉRATEUR EN SEPTEMBRE (ACTIVITÉ PAGE 13), PENSE À LES SORTIR, À LES PLANTER DANS DES PETITS POTS ET À LES INSTALLER DANS LE NOIR.

Promenons nous…

Il est toujours plus agréable de se promener lorsqu'on a un but. Ramasser, amasser, collectionner sont des sources de motivation.

Au cours de promenades, ton attention peut porter sur : des coquilles, des morceaux d'écorce, des cailloux, de petites feuilles, des morceaux de bois aux formes étranges, des fleurs, des sables différents… En les cherchant, tu vas faire d'autres découvertes inattendues.

Rentré à la maison, installe tes trésors dans des bocaux de verre qui se rempliront au fil de tes promenades. Pour faire sécher les plantes rends-toi à la page 101, « Mon herbier ».

Tu peux aussi :
– les disposer dans des boîtes de tailles différentes au fond couvert de papier kraft. Assemblées les unes aux autres, elles formeront un patchwork de trouvailles. Si tu veux exposer tes boîtes à la verticale, il faudra utiliser un pistolet à colle ;
– inventer des mini-jardins aux trésors en organisant dans l'espace tes collections d'objets précieux ;
– les utiliser pour décorer la table avant un bon repas.

SI TU SOUHAITES CRÉER DES MOBILES AVEC TES TRÉSORS, RENDS-TOI PAGE 46.

Jeux de billes

Il te faut : un sac de billes.

À partir de deux joueurs.

LE POT

Le pot est un trou que tu fais dans le sol, il doit pouvoir contenir l'ensemble des billes.
But du jeu : Le premier qui a placé ses quatre billes dans le trou remporte toutes les billes qui s'y trouvent.

Place-toi à trois grands pas du trou.
Place ta première bille sur le sol et fais une pichenette avec le pouce ou l'index pour la diriger vers le trou.
Si tu n'y arrives pas, tu peux jouer en lançant la bille avec la main.
On joue une bille et une pichenette par tour, chacun son tour.
Il faut d'abord mettre en jeu ses quatre billes.
Les billes qui ne sont pas rentrées du premier coup seront rejouées de l'endroit où elles se trouvent.
Tu as le droit de viser une bille adverse pour l'écarter du trou.

LE MUR OU LE TRAIT

Place-toi à trois grands pas d'un mur ou d'un trait que tu as tracé.
Chaque joueur lance sa bille en direction de cette limite. Le gagnant est celui qui a réussi à placer sa bille le plus près de la limite. Il gagne les billes si c'est « pour de la vraie » ou marque un point si c'est « pour de la fausse ».
Si une bille touche ou franchit la limite, c'est perdu !

LA RANGETTE

Trace sur le sol, à l'aide d'une craie, un grand cercle d'environ 30 cm de diamètre. À l'intérieur, chaque joueur place le même nombre de billes (billes cibles). Elles doivent être réparties sur l'ensemble de la surface. Trace une ligne à quatre grands pas du cercle. À tour de rôle chacun lance une nouvelle bille (bille de lancer) en essayant de percuter et de faire sortir les billes cibles du cercle. Chaque bille cible sortie est gagnée et donne le droit de rejouer. On rejoue de l'endroit où sa bille de lancer s'est arrêtée. Si une bille de lancer s'immobilise dans le cercle elle devient une cible, le joueur doit alors en prendre une nouvelle et repart de la ligne de départ. La partie est finie quand toutes les billes cibles sont sorties du cercle.

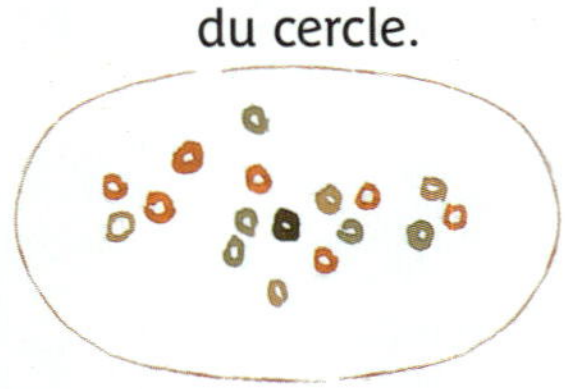

GRELI-GRELO

Place de 0 à 5 billes dans tes mains fermées. Secoue-les en chantant : « Greli-grelo combien ai-je de billes dans mon sabot ? » Si ton adversaire trouve, c'est à lui de faire « greli-grelo ». On peut également jouer avec des noyaux de cerises.

CONNAIS-TU LES FRUITS DE L'AUTOMNE ? POMME, POIRE, RAISIN, COING, FIGUE, NOISETTE, MANGUE, BANANE, MANDARINE, ORANGE, PAMPLEMOUSSE, CHÂTAIGNE.

Forêvocation

Représenter trois arbres à partir d'un seul…

Il te faut : trois grandes feuilles à dessin format A3, du carton ondulé découpé en petits rectangles et en bandes, de la colle, des craies grasses et de la peinture de différentes couleurs, verte, marron, jaune ou rouge pour l'automne, un très gros pinceau ou un rouleau.

Il n'y a pas qu'une seule façon de représenter un arbre. On peut l'évoquer par sa couleur, sa forme, sa taille, sa matière. Le peintre Henri Matisse disait que, pour figurer un arbre, il dessinait l'espace entre les branches…
Pour enrichir tes représentations, amuse-toi à changer d'outils, de supports, de matières, de couleurs…

PREMIER ARBRE

Sur la première feuille, assemble puis colle tes rectangles et tes fines bandes de carton ondulé afin de représenter un arbre, son tronc et ses branches. Les ondulations du carton sont placées vers l'extérieur afin d'évoquer la rugosité de l'écorce.

DEUXIÈME ARBRE

Technique de l'estampage

Place la deuxième feuille sur la première. Prends une craie grasse et frotte-la à plat sur l'intégralité du support. Avec la couleur déposée, tu vas voir apparaître les formes du carton ondulé du dessous.

TROISIÈME ARBRE

Technique d'imprimerie, monotype

Recouvre de peinture la totalité de ton collage, assez rapidement afin qu'elle n'ait pas le temps de sécher. Applique la troisième feuille de papier sur le collage peint et frotte avec la main sur toute la feuille. Soulève-la et observe ta production : une empreinte d'arbre, réplique exacte de ton collage, est apparue.

Un fois la peinture sèche sur ton collage, continue de le colorier avec les craies grasses. Affiche enfin les trois feuilles ensemble. Tes trois arbres sont identiques et pourtant si différents...

POUR FAIRE DES EMPREINTES AVEC DE LA PEINTURE, UTILISE TES MAINS, TES PIEDS, DES PETITES VOITURES OU DES PIÈCES DE JEUX DE CONSTRUCTION.

OCTOBRE

Ma station météo

Il te faut : une planchette de bois stratifié d'environ 40 cm de longueur sur 25 cm de largeur, quatre vis type « gond » ou « crochet », une poinçonneuse, un grand thermomètre, du papier de couleur.

Dans le ciel   Il tombe   Sur le sol   Température

POUR CONSTRUIRE LE SUPPORT

Demande à un adulte de fixer sur la planchette les quatre vis.
Colle en haut de la planchette l'inscription : « Ma station météo » puis, au-dessus de chaque gond : « Dans le ciel », « Il tombe », « Sur le sol », « Température ».
Photocopie les icônes ci-dessous en les agrandissant. Recolore-les. Découpe-les, fais un trou dans le haut pour pouvoir les accrocher. Elles seront plus solides si elles sont plastifiées.

DANS LE CIEL

IL TOMBE

SUR LE SOL

TEMPÉRATURE

Ce n'est pas parce qu'il y a du soleil qu'il fait chaud ! Pour faciliter la lecture des températures, tu peux utiliser un grand thermomètre extérieur sur lequel sera indiqué un codage par couleurs.

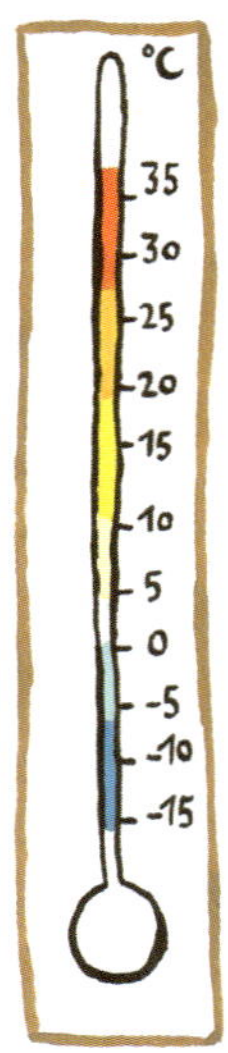

Observe la météo toujours à la même heure. Regarde bien dehors, choisis dans les quatre catégories les images les plus proches de la réalité et accroche-les sur ton panneau météo.
Tu peux aussi mesurer le vent avec ta manche à air, voir page 105.
Pour bien observer les différences de temps, utilise ta station météo au moins aux mois d'octobre, de janvier, d'avril et de juillet.

EN PROMENADE, RAMASSE DES POMMES ET TRANSFORME-LES EN « JOUETS EN FRUITS » (PAGE 62).

Ainsi font... les marionnettes

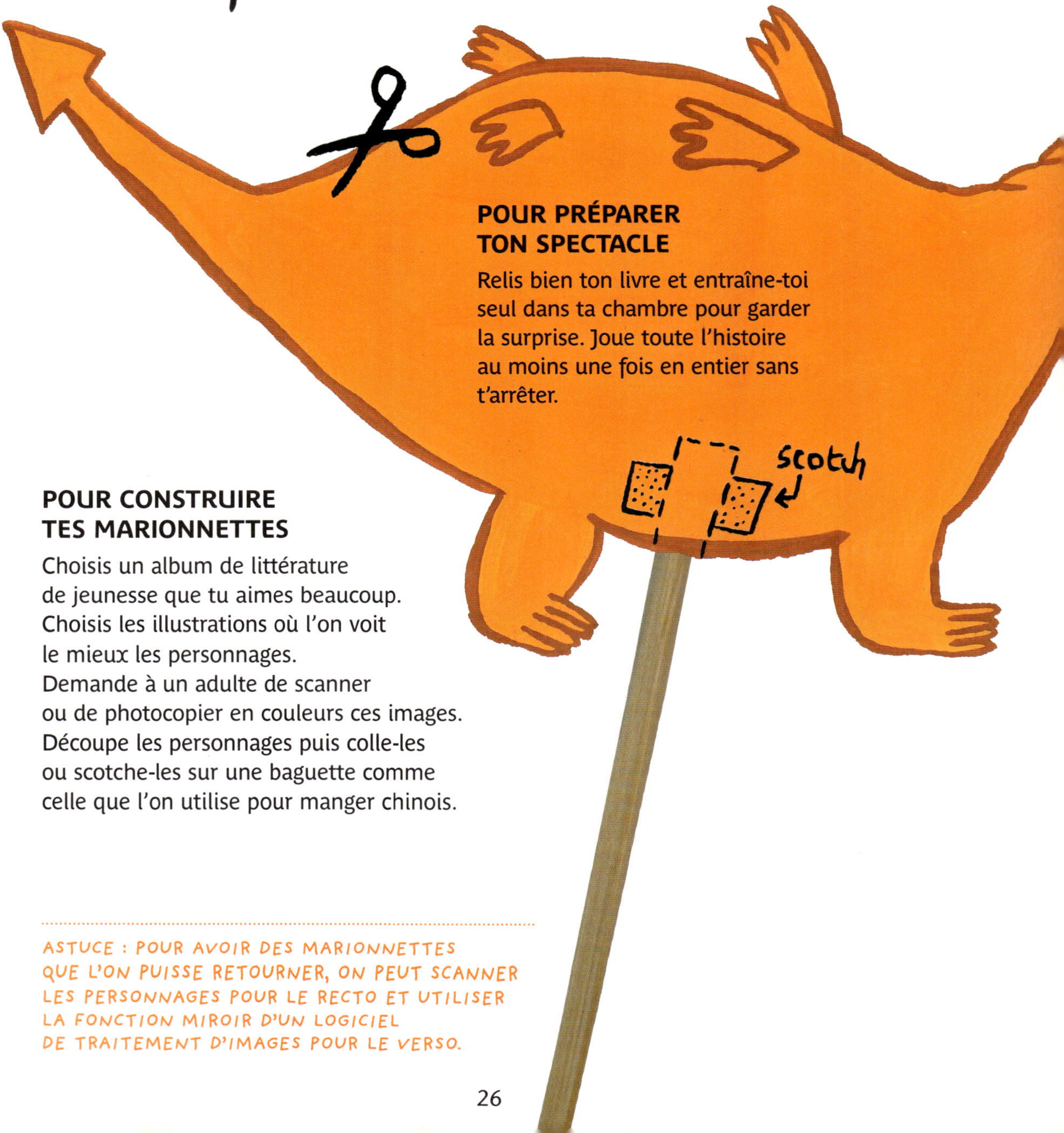

POUR PRÉPARER TON SPECTACLE

Relis bien ton livre et entraîne-toi seul dans ta chambre pour garder la surprise. Joue toute l'histoire au moins une fois en entier sans t'arrêter.

POUR CONSTRUIRE TES MARIONNETTES

Choisis un album de littérature de jeunesse que tu aimes beaucoup. Choisis les illustrations où l'on voit le mieux les personnages. Demande à un adulte de scanner ou de photocopier en couleurs ces images. Découpe les personnages puis colle-les ou scotche-les sur une baguette comme celle que l'on utilise pour manger chinois.

ASTUCE : POUR AVOIR DES MARIONNETTES QUE L'ON PUISSE RETOURNER, ON PEUT SCANNER LES PERSONNAGES POUR LE RECTO ET UTILISER LA FONCTION MIROIR D'UN LOGICIEL DE TRAITEMENT D'IMAGES POUR LE VERSO.

C'EST L'HEURE DU SPECTACLE…

Un castelet n'est pas nécessaire. D'ailleurs les marionnettistes actuels en utilisent peu.

Après le spectacle, garde bien tes marionnettes. Tu pourras rejouer avec ou demander à tes parents à leur tour de te jouer l'histoire. S'ils le désirent, ils pourraient eux aussi quelquefois utiliser des marionnettes pour te raconter de nouveaux récits ou faire vivre les personnages de tes livres préférés.

INVENTE DES PETITS PERSONNAGES EN DESSINANT, SUR LE BOUT DE TES DOIGTS, DES YEUX, UNE BOUCHE. UTILISE-LES POUR RÉCITER DES JEUX DE DOIGTS.

Buffet de sorcières ou de sorciers

Tu vas jouer sur les couleurs, sur les associations d'idées…

Sur une grande table, pose une nappe unie. Installe par-dessus un morceau de tulle. (Il en existe certains, dans les magasins de tissu, brodés avec des balais, des araignées…)

Prévois le sens du buffet et, au début, dispose les assiettes, les gobelets et les serviettes.

Prépare un gâteau vert au yaourt. (Mélange 1 yaourt avec 2 pots de farine, 2 pots de sucre, 1/2 pot de beurre fondu, 3 œufs, 1/2 sachet de levure, du sel et du sucre vanillé. Ajoute du colorant alimentaire vert à la pâte. Cuis au four 40 minutes, th. 8.)

Sur des pamplemousses, pique avec des cure-dents des petites saucisses, des morceaux de fromage, des fruits secs…

Façonne en pâte d'amande des petites araignées, place-les sur des fils de réglisse.

Dans un saladier, verse 1 litre de jus d'orange, 1/2 verre de sirop de grenadine (ne mélange pas) et 1 boîte de litchis (sans le jus). Tu auras besoin d'une louche pour servir.

Sous la table, cache la poubelle.

Prépare des dessins à offrir. Roule-les et attache-les comme des parchemins avec un ruban.

Décore la table avec des bonbons posés les uns à côté des autres, décris des courbes, des arabesques. Ajoute quelques bougies et des cucurbitacées (des coloquintes, des courges, des potimarrons…).

Il ne te reste plus qu'à te déguiser et à accueillir tes invités.

LES SORCIÈRES AIMENT JOUER À CACHE-TAMPON DANS LES FEUILLES D'AUTOMNE (ACTIVITÉ PAGE 118) ET RAMASSER DES CHÂTAIGNES – IL FAUDRA LES FENDRE AVANT DE LES METTRE DANS LES BRAISES.

Poupée en papier à habiller

Il te faut : du papier calque, du papier cartonné, du papier blanc, de couleur ou du papier cadeau, une paire de ciseaux, une photo de toi, des feutres ou des crayons de couleur.

Décalque cette silhouette, dessine-la sur du papier cartonné et découpe-la. (Tu peux ausi l'agrandir à la photocopieuse.) À l'emplacement de la tête, installe une photo de ton visage. Dans le papier de couleur (le grain du papier ne doit pas être trop épais), dessine et découpe des habits. N'oublie pas les languettes pour les faire tenir.

Tu peux aussi dessiner des motifs, coller des paillettes, des petites graines, agrafer des morceaux de rubans… Pour fabriquer ta garde-robe, pars d'un thème : à la montagne, rois et reines, mon héros préféré, les pays du monde… Lorsque tu as fini de jouer, range ta poupée et ses habits dans une grande enveloppe.

AU COURS D'UN JEU, LORSQUE TU AURAS INSTALLÉ TES POUPÉES OU DES PETITS PERSONNAGES, PHOTOGRAPHIE-LES ET AJOUTE CETTE PHOTO DANS TON CAHIER D'IDENTITÉ (ACTIVITÉ PAGE 12).

Transforme ton ombre

Il te faut : du matériel pour faire les ombres (voir page 14). Des déguisements, des chapeaux, des tissus (drap, tulle…), des éléments végétaux…

Pour savoir comment faire des ombres, reporte-toi à l'activité page 14.

Essaie d'abord de trouver, sans accessoire, plusieurs moyens de passer dans la lumière sans que l'on puisse reconnaître ton ombre.
Puis, avec des déguisements, des chapeaux, du tulle, du tissu, des éléments végétaux…
joue à transformer ton apparence.
Demande à un adulte de faire des photos de tes différentes ombres.

APRÈS L'OMBRE… LA LUMIÈRE : IL EST TEMPS DÉSORMAIS DE SORTIR TES BULBES DE JACINTHES (ACTIVITÉ PAGE 13) !

Sens dessus dessous

Ces jeux de Kim sont des devinettes auxquelles on peut répondre en utilisant l'un des cinq sens.

Il te faut : des verres, du papier d'aluminium, des herbes aromatiques, des sirops sans colorant, un sac opaque contenant des objets divers, un réveil qui fait tic-tac ou un jouet à son continu, un appareil enregistreur (magnétophone, baladeur MP3…).

KIM ODORAT

Dans de petits verres entourés de papier d'aluminium (pour que l'on ne voie pas leur contenu), écrase des herbes aromatiques. Chaque verre doit contenir une plante différente : romarin, thym, estragon, ciboulette, coriandre, menthe… Le jeu consiste à identifier, uniquement par l'odeur, l'herbe aromatique. Si le jeu est trop difficile, pose près des verres les plantes d'origine. Il faudra alors les associer.

KIM GOÛT

Prépare dans des petits verres de l'eau mélangée à des sirops sans colorant et aux arômes différents : orange, fraise, menthe, citron, orgeat, cassis… En goûtant aux différentes boissons, il faut reconnaître les fruits qui les composent. Joue aussi avec des purées de fruits en fermant les yeux.

POUR SAVOIR QUI EST KIM, VA VOIR À LA PAGE 17.

KIM TOUCHER

Introduis, dans un grand sac opaque, une dizaine d'objets hétéroclites et non dangereux. Les joueurs, en glissant les mains dans le sac, doivent reconnaître, par le toucher uniquement, l'objet dont ils se sont saisis.

KIM SON

Cache dans ta maison un réveil dont le tic-tac est très sonore ou un jouet dont le son est continu. Il faudra bien ouvrir ses oreilles pour le retrouver !

Autre Kim son :
Avec l'aide d'un appareil enregistreur, enregistre des sons de ta maison ou de la rue. Le but du jeu est de reconnaître la source de l'enregistrement en l'écoutant.

KIM VUE Pour les Kim vue, rends-toi à la page 16.

ATTENTION : IL NE FAUT EN AUCUN CAS PROVOQUER PAR LE GOÛT, L'ODORAT OU LE TOUCHER DE DÉSAGRÉABLES SURPRISES !!!

As-tu plié ta serviette?

Pour jouer en fin de repas...

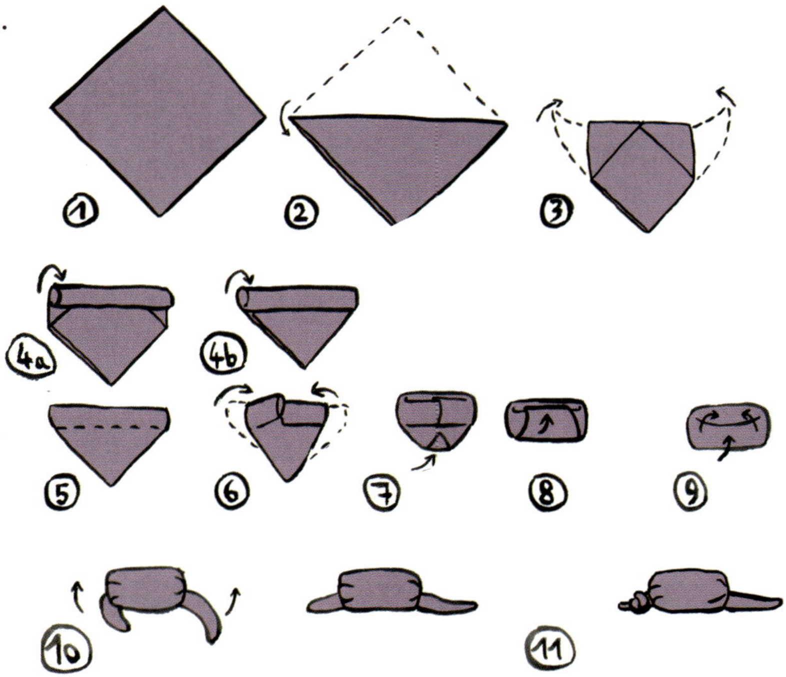

LA SOURIS VIVANTE

1 - Ouvre ta serviette en tissu et pose-la à plat sur la table.
2 - Plie-la en deux pour faire un grand triangle.
3 - Joins les deux sommets.
4 - Enroule toute la partie qui vient d'être pliée.
5 et 6 - Retourne la serviette et plie en trois la partie enroulée.
7 et 8 - Prends la pointe restante du triangle et enfonce-la dans la partie pliée en trois.
9 et 10 - Déroule jusqu'au bout la partie pliée en trois, deux pointes apparaissent.
11 - Noue l'une d'elles, ce sera la tête. L'autre sera la queue.

• Pour faire croire qu'elle vit :
Couche la souris dans ta main, la tête vers ton poignet et le bout de tes doigts tendus sous la queue.
Caresse-la en la couvrant de ton autre main.
Quand la main qui caresse cache les doigts de la main qui la porte, replie-les rapidement et discrètement afin de pousser ta souris sur ton avant-bras.
On dirait qu'elle avance toute seule...

LES OREILLES DE CHAT

1 - Ouvre ta serviette et pose-la à plat sur la table.
2 - Plie deux côtés face à face en les ramenant vers le milieu.
3 - Retourne ta serviette.
4 - Plie les deux autres côtés en les ramenant vers le milieu.
5 - Prends dans une main les deux coins qui se trouvent face à face et dans l'autre main les deux autres coins.
6 - Tire l'ensemble sur les côtés, les oreilles sont prêtes !

Tu n'as plus qu'à les mettre sur la tête.
Miaou !!!

EN PROMENADE, LORSQUE LES FEUILLES SONT TOMBÉES, REGARDE BIEN DANS LES ARBRES, TU TROUVERAS DES NIDS D'OISEAUX.

L'hiver

“Noël c'est dans combien de dodos ?

Ce calendrier contient une surprise par jour du 1er au 24 décembre, préparée par tes parents !

POUR FABRIQUER LE CALENDRIER

Prendre vingt-quatre feuilles de papier. Écrire une surprise par feuille. Les rouler comme des parchemins et les fermer avec un morceau de ruban ou de bolduc. Fixer une étiquette sur laquelle est indiquée la date. Suspendre les rouleaux dans le désordre sur un long bolduc tendu, par exemple.

POUR OUVRIR LE MESSAGE DU JOUR

Pour apporter un peu de magie, on peut mettre la pièce dans la pénombre, allumer des bougies et ouvrir le message du jour sur un fond de musique douce.

QUELQUES IDÉES DE SURPRISES

Lire un livre de Noël, chanter, écouter une musique, offrir une friandise ou un petit cadeau, organiser une sortie, cuisiner, décorer le sapin, décorer la maison, fabriquer des décorations pour la table ou pour le sapin, faire une carte à envoyer à des gens que l'on aime afin qu'ils la placent dans leur sapin, préparer un petit spectacle de marionnettes, raconter un conte, aider son enfant à préparer un spectacle, sortir au cinéma, regarder un film à la maison…

CE TYPE DE CALENDRIER S'APPELLE UN CALENDRIER DE L'AVENT, MOT QUI VIENT DU LATIN *ADVENTUS*, DÉSIGNANT DEPUIS LE X[E] SIÈCLE LE DÉBUT DE L'ATTENTE POUR LES CHRÉTIENS DE LA NAISSANCE DU CHRIST, SON AVÈNEMENT.

Tarte au chocolat

Il te faut : un moule à tarte, une casserole, une grande cuillère, un fouet, un rouleau de pâte brisée, un peu de beurre, un gros pot de crème fraîche, un œuf, une tablette de 200 g de chocolat à fondre, un sachet de sucre vanillé.

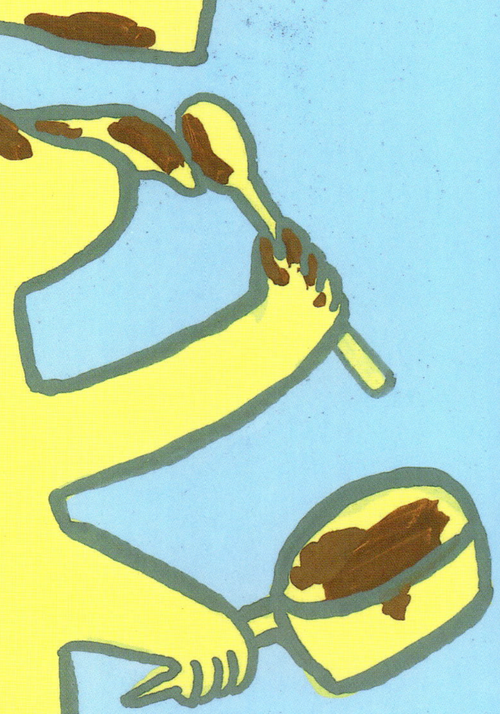

Abaisse la pâte dans un moule à tarte après l'avoir beurré. Avec l'aide d'un adulte, dans une casserole, fais fondre doucement le chocolat cassé en petits morceaux avec une cuillère à soupe d'eau. Une fois le feu éteint, ajoute la crème fraîche, l'œuf, le sucre vanillé et fouette le tout énergiquement. Verse cette préparation sur la pâte.

La tarte doit cuire environ 40 minutes dans un four à 180 °C (la crème au chocolat ne doit pas former de bulles en cuisant).

Sers la tarte une fois refroidie.

CONNAIS-TU LES FRUITS DE L'HIVER ? CLÉMENTINE, NOIX, AMANDE, DATTE, ORANGE, POIRE, POMME, KIWI.

"À Noël..." Jeu de langage

À Noël, Isabelle avait cassé la vaisselle.
On l'a grondée, c'est pas beau,
Elle n'aura pas de cadeau !
Mais les anges, c'est étrange,
lui ont porté des oranges.

Amuse-toi à transformer cette célèbre comptine en remplaçant « Isabelle » par le prénom d'un membre de ta famille, puis trouve une bêtise qu'elle aurait pu faire en respectant la rime.

Par exemple :
À Noël, Clément n's'était pas brossé les dents.
On l'a grondé, c'est pas beau,
Il n'aura pas de cadeau !
Mais les anges, c'est étrange,
lui ont porté des oranges...

À Noël, Maud a renversé sa soupe chaude.
On l'a grondée..

POUR FAIRE DES DÉCORATIONS DE PAPIERS, DES NAPPERONS OU DES RIBAMBELLES : PLIE DES FEUILLES EN DEUX, EN TROIS... EN ACCORDÉON, DÉCOUPE DES FORMES QUE TU INVENTES PUIS DÉPLIE LE PAPIER.

Décorations en pâte à sel

Il te faut : deux verres de farine, un verre de sel fin, un peu d'eau, un saladier, des emporte-pièces, un rouleau à pâtisserie, une paille, des colorants alimentaires ou de la peinture et un pinceau ou une bombe de peinture dorée, du bolduc.

Prépare la pâte à sel en mélangeant la farine, le sel et l'eau. Tu dois obtenir la consistance d'une pâte à tarte.

Étale la pâte avec le rouleau.

Découpe-la avec les emporte-pièces. Ménage un trou à l'aide d'une paille, de façon à pouvoir passer le lien lorsque la cuisson sera terminée.

S'IL TE RESTE DE LA PÂTE À SEL, MODÈLE DES FRUITS ET DES LÉGUMES POUR JOUER À LA MARCHANDE, À LA DÎNETTE, OU BIEN AMUSE-TOI SIMPLEMENT À LA PÉTRIR, À LA MALAXER, À L'ÉTIRER... VOIR L'ACTIVITÉ PAGE 10.

Fais cuire au four, à 120 °C, une ou deux heures jusqu'à ce que la pâte soit sèche.

Tu peux ajouter des colorants alimentaires avant la cuisson ou peindre tes sujets une fois cuits avec des couleurs vives, du doré…

Passe un brin de bolduc dans le trou, noue-le puis fixe ta décoration à une branche de ton sapin.

TU PEUX AJOUTER TA LISTE POUR LE PÈRE NOËL ET UNE PHOTO DE TOI DEVANT TON SAPIN DANS TON CAHIER D'IDENTITÉ (ACTIVITÉ PAGE 12).

Couronne de Noël

Dans les pays anglo-saxons, traditionnellement, on accroche une couronne sur la porte de la maison en signe de bienvenue et d'hospitalité au moment des fêtes de fin d'année. Cette couronne est composée de feuillages, de rubans et autres éléments de décoration. En voici une différente…

Écarte ton cintre de façon à lui donner la forme d'un cercle. Ne touche pas la partie qui permet d'accrocher le cintre, elle servira d'attache pour la couronne. Entoure le cintre de plusieurs épaisseurs de papier journal plié en bandes, ta couronne va prendre du volume, puis déroule le scotch en papier kraft autour du papier journal. Passe plusieurs fois en serrant beaucoup. Dispose les bonbons sur la couronne avec des petits morceaux de scotch double face. Mets-en beaucoup en alternant les formes et les tailles. Auras-tu la patience d'attendre la fin des fêtes pour manger ta couronne ?

Il te faut :
un cintre en fer que tu peux facilement plier, du papier journal, du scotch en papier kraft (il colle d'un côté), du scotch double face, des bonbons de tailles différentes emballés dans du papier transparent, brillant ou coloré.

TU PEUX AUSSI FABRIQUER UNE GUIRLANDE EN AGRAFANT LES BONBONS EMBALLÉS SUR UN RUBAN OU DU BOLDUC.

Cartasapin

Il te faut : une feuille de papier vert foncé ou rouge format A4, du papier doré, une paire de ciseaux, de la colle, de la peinture blanche, des cotons-tiges, des magazines, un feutre couleur or ou des gommettes dorées.

Plie la feuille verte en deux.
Découpe le papier doré en petits carrés d'environ 4 cm de côté.
Colle les carrés sur l'avant et l'arrière de la carte en formant des damiers.
Peins en blanc, avec un coton-tige, des sapins dans chacune des cases.
Pendant que la peinture sèche, découpe dans les magazines plusieurs fois le mot NOËL. Colle les mots à l'intérieur de ta carte et décore avec les gommettes ou le feutre doré.
Il ne te reste plus qu'à la signer.

Tu peux mettre ta carte dans le sapin ou l'envoyer à quelqu'un.

COMPLÈTE « L'ALBUM DE MON DOUDOU » AVEC UNE PHOTO DEVANT LE SAPIN (ACTIVITÉ PAGE 6).

En suspension…

Il te faut : du raphia, du fil de laiton doré ou de la ficelle, le reste du matériel dépendra du mobile que tu souhaites fabriquer.

MOBILE D'AUTOMNE

Ramasse en te promenant un bâton et des brindilles, des marrons, des morceaux d'écorce, de petites feuilles, des morceaux de bois aux formes étranges, des pommes de pin, des petits nids abandonnés…
Une fois rentré, lie tes trouvailles ensemble avec des brins de raphia. Les marrons peuvent être percés avec une petite vrille ou entourés de fil de laiton. Fixe l'extrémité de chaque brin au bâton et suspends-le.

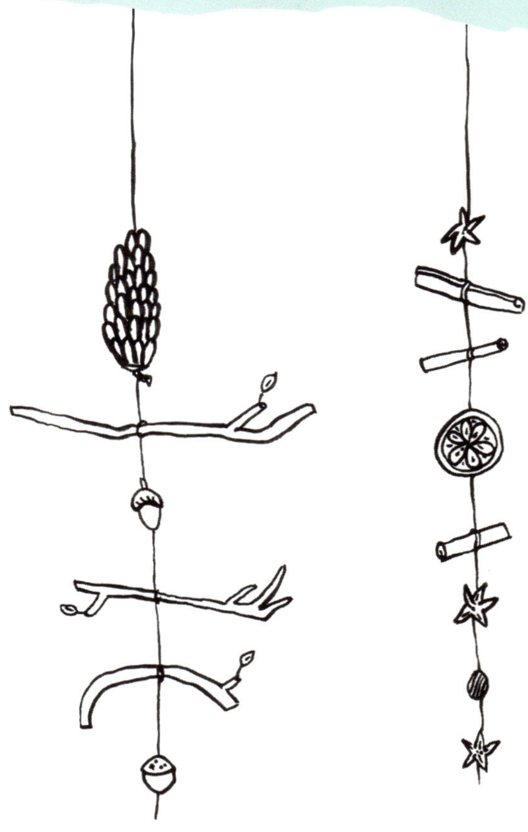

MOBILE DE NOËL

Avec du fil doré, lie des bâtons de cannelle, de l'anis étoilé, de la noix muscade, des rondelles de clémentine ou d'orange séchées, des boules de physalis (plante appelée aussi « amour en cage ») et toutes sortes d'épices non moulues que l'on trouve dans des épiceries orientales…
Et suspends-les dans ta maison.

POUR SÉCHER DE FINES RONDELLES D'AGRUMES, DEMANDE À TES PARENTS DE LES PLACER PLUSIEURS HEURES DANS UN FOUR À 120 DEGRÉS.

MOBILE DE GLACE

Cherche des pétales de fleur, des brins d'herbe, des épines de sapin, des petites feuilles (regarde dans les haies), le bout de petites branches d'arbustes (thuyas…). Installe-les dans des soucoupes de tasse à café. Recouvre-les d'eau. Dépose toutes les soucoupes dans le congélateur sans oublier de les relier par un brin de raphia qui devra bien tremper dans l'eau. Après une bonne heure, quand la glace est formée, sors l'ensemble du congélateur et démoule un à un les glaçons en mettant les soucoupes au-dessus d'un bol d'eau très chaude. Fixe délicatement l'extrémité du (des) brin(s) au bâton et suspends-le dehors. S'il fait bien froid (zones bleues de ta station météo, page 24), la glace ne fondra pas.

TU POURRAS TOUT AU LONG DE L'ANNÉE INVENTER D'AUTRES MOBILES EN FONCTION DE TES PROMENADES (ACTIVITÉ PAGE 19).

Art postal

Nécessaire d'art postal (à mettre dans une boîte pas trop grande pour que tu puisses l'emporter en vacances) : de beaux timbres, des enveloppes de formes différentes, des étiquettes autocollantes, du papier, du papier transparent type fleuriste, des petits sachets en plastique, des paillettes, du fil de couleur, du raphia, du ruban, de la colle, des crayons de couleur, des feutres, une paire de ciseaux, des tampons et un encreur…

Courant artistique né à New York en 1962, le *mail art* utilise les ressources des envois postaux et intervient sur tous les paramètres du courrier : de l'objet envoyé au timbre en passant par la matière de l'enveloppe. Écrire à quelqu'un peut devenir un acte poétique, une activité où se combinent l'insolite, la création, le jeu, l'aventure, la prise de risque et le cadeau.

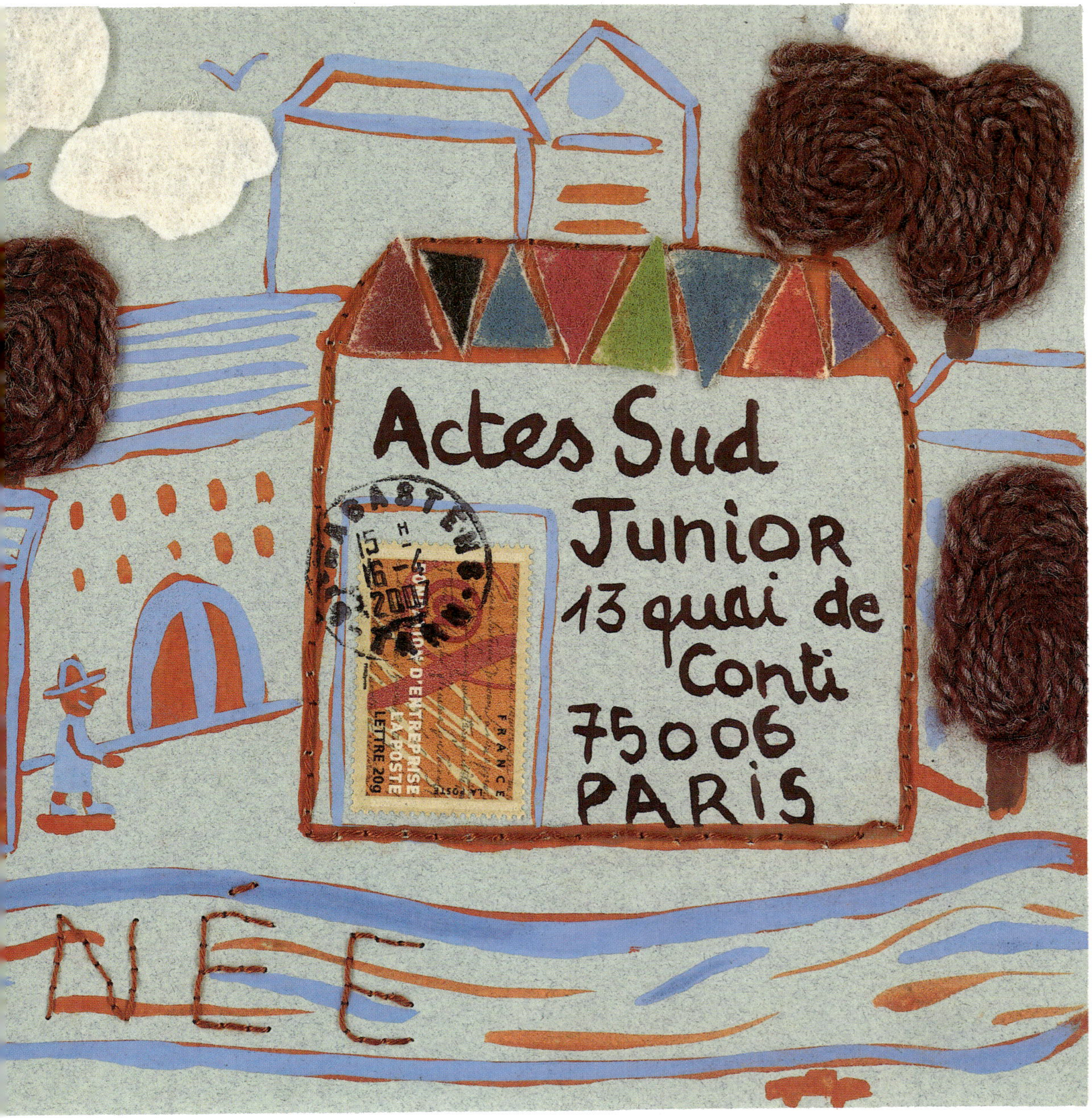
Actes Sud
Junior
13 quai de
Conti
75006
PARIS
NÉE

POUR ENVOYER DES COURRIERS ORIGINAUX, TU PEUX VARIER :

Le support de l'envoi : sa taille, sa forme (géométrique, lettre de l'alphabet, plate, en volume…), sa matière (rigide : bois, écorce, plastique, objet, coquillage, plaque de métal… ou souple : papiers divers, papier de verre, tissu, éléments végétaux comme des feuilles, cuir, cellophane, toile cirée, carton ondulé…), son origine (page de magazine, affiche…), sa couleur, l'action sur le support (pliages, dessin, traces, empreintes, tissage, couture, collage de matière, de papier, voir « Sculptures de papier », page 70), avec ou sans enveloppe.

Les outils : crayons, feutres, craies, pinceaux, éponges, main, pied…

La technique : peinture, encre…

L'écriture : avec des lettres déjà fabriquées, en écrivant différents types de lettres, calligraphie, adresse en calligramme, varier l'emplacement de l'adresse, la quantité d'écrits…

Le timbre : son emplacement, reproduire le dessin qui est dessus, inventer d'autres timbres, détourner le vrai timbre.

Le tampon : ajouter d'autres tampons, varier la couleur de l'encre.

Quelques idées :
Envoie tes vœux sur de l'écorce de bouleau ou dans une pochette transparente contenant des paillettes, des gommettes en forme d'étoiles...
Pour des invitations, confectionne une enveloppe transparente et remplis-la de confettis.
Pour la naissance d'un bébé, envoie un biberon en plastique (adresse et timbre collés dessus).
En vacances, envoie un courrier avec ce que tu trouves autour de toi, ce que tu ramasses lors de promenades (sachet de sable, coquillage fixé à une étiquette où figurent l'adresse et le timbre...).
Attention, il faut vérifier le poids de l'envoi pour bien affranchir !

À chaque roi sa couronne !

Il te faut : une bande de papier Canson noir ou blanc (ou de papier cartonné) de 20 cm x 65 cm (longueur d'une feuille format raisin), du papier doré et/ou argenté, des feutres doré et argenté, une agrafeuse, de la colle, une paire de ciseaux.

COURONNE TRADITIONNELLE

Découpe des triangles, pour former les pointes de ta couronne, tout le long d'une des longueurs de la bande. Dans les papiers doré ou argenté, découpe des formes identiques de tailles différentes (par exemple des losanges) puis colle-les en les superposant de manière concentrique sur la bande de papier. Ils figureront les joyaux de ta couronne. Avec les feutres doré et argenté, trace de manière concentrique également les contours des joyaux. Puis choisis un signe graphique comme l'étoile et reproduis-le plusieurs fois. Demande à un adulte de placer la couronne autour de ta tête juste au-dessus des oreilles, de l'ajuster, de l'ôter en maintenant la mesure et d'agrafer en orientant les deux petits crochets des agrafes vers l'extérieur pour ne pas accrocher tes cheveux. Votre Majesté peut s'avancer !!!

TU TROUVERAS D'AUTRES IDÉES POUR INTERVENIR SUR TA COURONNE PAGE 70, « SCULPTURES DE PAPIER », ET PAGE 106, « BIJOUX NATURE ».

COURONNE AU GRÉ DE TES ENVIES

Pour fabriquer des couronnes originales, choisis un royaume.
Tu seras le roi ou la reine des lions, des chevaux, des requins, des souris, des dragons, des fées, des chevaliers, des lutins, des arcs-en-ciel, du soleil, de la lune, du temps, de la nature, des couleurs, des formes, des lettres, des nombres…
Tu peux varier : la matière de la bande (papier Canson, carton ondulé, papier peint, rhodoïd…), sa couleur, sa hauteur, la forme des découpages, les outils scripteurs (feutres, craies, crayons…), les techniques (peinture, encre…), les matériaux à coller.

PENSE À COMPLÉTER « L'ALBUM DE MON DOUDOU » (PAGE 6) D'UNE PHOTO AVEC LA COURONNE DES ROIS.

JANVIER

La galette des rois

Il te faut : 130 g de poudre d'amande, 130 g de sucre glace, 100 g de beurre ramolli, deux œufs, deux rouleaux de pâte feuilletée, un peu de lait, un pinceau, un saladier, une cuillère, une plaque pour faire cuire la galette, un couteau, une fève.

Dans le saladier, mélange la poudre d'amande et le sucre.
Ajoute le beurre ramolli puis les œufs.
Étale cette préparation sur un disque de pâte feuilletée, pose une fève.
Recouvre le premier disque avec le deuxième.
Soude-les avec un peu de lait en appuyant bien.
Avec le couteau, pratique des incisions pour décorer.
Sur la pâte, mets un peu de lait avec le pinceau pour faire dorer.
La galette cuit en 30-40 minutes à four moyen.

ET SI TU COMMENÇAIS UNE COLLECTION DE FÈVES ? TROIS DÉMARCHES SONT POSSIBLES :
– COLLECTIONNER TOUTES LES FÈVES, QUELS QUE SOIENT LEURS COULEURS, LEUR SUJET… ;
– COLLECTIONNER UN SEUL TYPE DE FÈVES : LES FÈVES QUE TU AS TROUVÉES, LES FÈVES QUI REPRÉSENTENT DES ANIMAUX, LES FÈVES DORÉES… ;
– RECHERCHER LES FÈVES ORIGINALES. LE PRINCIPE EST D'EN AVOIR PEU ET S'APPUIE SUR LA TROUVAILLE.

Graphisme de flocons de neige

Il te faut, pour le support : feuilles de papier blanc A4, rhodoïd ou feuilles transparentes ou irisées, peinture ou encre bleue, eau, pinceaux.
Outils scripteurs pour les flocons : feutres tout support blanc ou argenté, cotons-tiges et peinture blanche.

LE SUPPORT

Pour ne pas fondre, les flocons de neige se déposent sur des supports froids ! Afin d'évoquer le froid de l'hiver, cherche des matières transparentes, irisées ou de couleur blanche, bleu pâle. Utilise tes trouvailles comme support si leur taille le permet ou colle-les sur du papier blanc. Tu peux aussi utiliser des feuilles transparentes ou recouvrir une feuille blanche de peinture ou d'encre bleue très diluée.

LES FLOCONS

Une fois le support prêt, avec les outils de la liste de matériel, trace des signes évoquant les flocons de neige vus de très près. Entraîne-toi à recopier les modèles proposés puis inventes-en de nouveaux.

DANS LA NEIGE VIERGE, LAISSE-TOI TOMBER ALLONGÉ, LES BRAS ÉCARTÉS. BOUGE TES BRAS TENDUS LATÉRALEMENT DE LA TÊTE VERS LES JAMBES. RELÈVE-TOI SANS ÉCRASER TON EMPREINTE PUIS REGARDE-LA. TU VERRAS UN ANGE AVEC SES AILES.

Le boa des couleurs

Il te faut : une grande feuille de papier, des feutres, du papier rouge et du papier bleu, une paire de ciseaux, un dé, des gommettes rouges et bleues.

FABRICATION DU JEU

Le plateau :
Prends la feuille de papier et dessine deux grands boas, un bleu dans un sens et un rouge dans l'autre. La queue doit être à gauche. Dessine dans chaque corps de serpent 10 ronds allant de la queue à la tête. Tu peux utiliser le modèle du livre !

Les pions :
Il te faut 10 pions rouges et 10 bleus. Tu peux les fabriquer en collant deux gommettes de même couleur l'une contre l'autre ou en découpant des ronds dans des feuilles de papiers de couleur.

Le dé :
Colle sur 3 faces du dé 3 gommettes rouges (ou 3 morceaux d'étiquette autocollante coloriés en rouge).
Fais de même sur les 3 autres faces avec du bleu.

LE JEU

Il se joue à deux.
Le but est de finir de recouvrir les ronds de son boa en premier.
Choisis un boa et prends les jetons de la même couleur.
Lance le dé.
S'il indique ta couleur, pose un pion sur ton boa. Attention, on joue de la queue vers la tête !
S'il indique l'autre couleur, passe ton tour.
À ton adversaire de jouer. Lui aussi ne pose son pion qui si le dé indique sa couleur.

LE BOA CONSTRICTOR, OU CONSTRICTEUR, VIT EN AMÉRIQUE CENTRALE ET EN AMÉRIQUE DU SUD. ADULTE, IL PEUT MESURER JUSQU'À 2,50 M. IL AIME MANGER DES PETITS RONGEURS ET DES OISEAUX. IL TUE SA PROIE PAR SUFFOCATION EN L'ENSERRANT DANS SES ANNEAUX. IL PEUT VIVRE VINGT-CINQ ANS.
(VOIR ÉGALEMENT « LE BOA DES NOMBRES », PAGE 76).

Petit théâtre d'ombres ambulant

Il te faut : un grand carton pour construire le castelet, une feuille de papier calque très épais, du scotch, des tourillons (des baguettes) et des punaises, du papier bristol ou cartonné, du papier de soie de différentes couleurs, de la colle, un cutter, une paire de ciseaux, une source lumineuse (un spot ou un projecteur à diapositives).

LE THÉÂTRE

Prends le grand carton. Scotche les rabats de manière à obtenir un pavé fermé. Demande à un adulte d'ôter un grand côté avec le cutter et de ménager une grande fenêtre dans le côté opposé. Scotche la feuille de papier calque sur les bords de la fenêtre afin de l'obturer.

LES MARIONNETTES

Dessine des figurines sur du papier bristol puis découpe-les en suivant le contour. Tu peux créer des ombres colorées en évidant une partie de tes silhouettes et en comblant les parties manquantes avec des fragments de papier de soie. Tu peux utiliser d'autres matériaux pour tes silhouettes : des napperons de papier pour donner l'illusion d'une robe en dentelle, accrocher des plumes…

L'INSTALLATION

Fixe les silhouettes en punaisant leur centre au bout du tourillon. Pose le carton sur une table, le papier calque vers l'avant, installe la source lumineuse derrière puis place-toi entre la source lumineuse et le carton pour manipuler tes ombres. Plaque-les sur la feuille de papier calque et fais-les bouger doucement. Tu peux les faire parler comme des marionnettes et raconter une histoire.

Dans les véritables théâtres d'ombres ambulants, la source lumineuse est située dans le bas du castelet entre le manipulateur et le papier. Mais attention aux brûlures !

TRADITIONNELLEMENT, LE THÉÂTRE D'OMBRES UTILISE DES FIGURINES DE CARTON OU DE CUIR DÉCOUPÉ DANS UNE PEAU DE BUFFLE (EN TURQUIE PAR EXEMPLE), QUE L'ON FAIT ÉVOLUER ENTRE UNE SOURCE DE LUMIÈRE ET UN ÉCRAN BLANC.
LES OMBRES PEUVENT ÊTRE COLORÉES OU NON. LES PLUS CÉLÈBRES SONT LES OMBRES D'INDONÉSIE WAYANK KULIT, KARAGÖZ EN TURQUIE ET SÉRAPHIN EN FRANCE QUI A DE NOS JOURS DISPARU.
AUJOURD'HUI CERTAINES COMPAGNIES ONT FAIT ÉVOLUER CE GENRE DE THÉÂTRE.
NE MANQUE PAS LES SPECTACLES DES TROUPES GIOCO VITA OU AMOROS ET AUGUSTIN.
TU PEUX AUSSI TE RENSEIGNER SUR LA PROGRAMMATION DU THÉÂTRE DE LA MARIONNETTE À PARIS, AINSI QUE SUR CELLE DU FESTIVAL DE CHARLEVILLE-MÉZIÈRES.

Repas chinois

Écris les menus ou demande à quelqu'un de les écrire, puis décore-les en dessinant des dragons, des cerfs-volants. Prépare des cocktails à base de jus de litchis, de jus de mangue. Sur le bord des verres, installe une rondelle de citron vert dans laquelle tu piqueras une ombrelle en papier. Dresse une jolie table, remplace les couverts par des baguettes.

LA SALADE DE POULET

Il te faut : une grande boîte de soja, une petite boîte de morceaux d'ananas, trois escalopes de poulet, de la margarine, une cuillère de sauce soja, quatre cuillères à soupe de vinaigrette, deux tomates coupées en tranches, la moitié d'un concombre coupée en rondelles, une cuillère à soupe de coriandre hachée.

Demande à un adulte d'ouvrir les boîtes, de faire cuire les escalopes dans un peu de margarine puis de les couper en petits morceaux. Mélange le tout dans un grand saladier.

LA SALADE DE FRUITS

Tu peux mettre : des litchis, une mangue, des kumquats, des fruits de la passion, des kiwis, des bananes frécinettes, de l'ananas, un corossol, de la papaye, une goyave...
Tu trouveras certains fruits frais dans les boutiques spécialisées, d'autres en boîte.

Découpe les fruits en morceaux après les avoir épluchés si nécessaire, arrose-les d'un jus de citron, saupoudre-les d'un peu de sucre et de noix de coco râpée.
Accompagne ta salade de petits gâteaux au sésame.

LE RIZ CANTONAIS

Il te faut : 200 g de riz, une tranche épaisse de jambon découpée en lanières, deux œufs, une boîte de petits pois égouttés, de l'huile.

Demande à un adulte de faire cuire le riz et d'ouvrir la boîte de petits pois.
Casse les œufs dans un saladier et mélange-les. Fais-les cuire dans une poêle huilée avec l'aide de l'adulte puis coupe l'omelette en petits morceaux.
Mélange le riz avec l'omelette, les petits pois et le jambon.
Au moment de servir, réchauffe le tout quelques instants au micro-ondes.

LE NOUVEL AN CHINOIS EST BASÉ SUR UN CALENDRIER LUNAIRE, IL SE SITUE TOUJOURS ENTRE LE 21 JANVIER ET LE 20 FÉVRIER. EN CHINE, LE NOUVEL AN S'APPELLE *GUO NIAN*. LA LÉGENDE DIT QUE LE *NIAN* ÉTAIT UN ANIMAL FÉROCE QUI DESCENDAIT DES MONTAGNES LA VEILLE DU NOUVEL AN POUR TROUVER DE LA NOURRITURE. IL MANGEAIT LES ANIMAUX DOMESTIQUES ET MÊME LES HUMAINS. TOUT LE MONDE FUYAIT JUSQU'À CE QU'ON DÉCOUVRE QU'IL ÉTAIT TERRORISÉ PAR LE ROUGE, LE FEU ET LE BRUIT. POUR L'EMPÊCHER DE VENIR, LES VILLAGEOIS PEIGNAIENT LEURS PORTES EN ROUGE, ALLUMAIENT DU FEU DEVANT ET FAISAIENT DU BRUIT EN TAPANT SUR DES OBJETS. MAINTENANT, ON SE CONTENTE D'UTILISER BEAUCOUP DE ROUGE POUR LES DÉCORATIONS ET DE FAIRE ÉCLATER UN MAXIMUM DE PÉTARDS LE JOUR DU NOUVEL AN.

Jouets en fruits

POMME ÉLÉPHANT

1 - Coupe deux triangles pour les yeux. Sors les petits morceaux et replace-les à l'envers dans les mêmes trous.
2 - Tranche deux oreilles et replace-les à l'envers dans les mêmes trous en les coinçant par le milieu.
3 - Tranche une trompe et replace-la à l'envers dans le même trou en la plantant par le haut.
Pour faire une marionnette, tu peux planter ta fourchette en bas du fruit et l'entourer de ta serviette de table.

BANANE REQUIN

1 - Coupe un peu la queue de la banane. Tire la partie de peau du dessus presque jusqu'au bout.
2 - Coupe une grande bouche en dessous.
3 - Effectue deux incisions pour les yeux et relève bien la peau. En tirant sur le bout de la queue, la bouche s'ouvre… Tu peux faire parler ton requin.

SI TU PARS EN VACANCES D'HIVER EN VOITURE, LES JEUX QUE TU TROUVERAS PAGES 120 ET 138 TE PERMETTRONT DE NE PAS T'ENNUYER.

POIRE LOUP

Suis la technique de la pomme éléphant. Il suffit juste de faire une encoche pour la bouche et de laisser les oreilles dans le même sens puis de les remonter.

DENT DE VAMPIRE EN ORANGE OU EN CLÉMENTINE

Épluche ton orange ou ta clémentine en gardant de grands morceaux de peau intacts. Découpe comme sur le dessin. Place tes dents entre tes lèvres et tes gencives supérieures. ARGHHH !

Attention, il faut quand même manger les fruits !

POMME « QUARTIERS DE PARIS »

1 - À l'endroit de la queue, commence à couper ta pomme en deux mais arrête-toi au milieu.
2 - Retourne-la, tourne-la d'un quart de tour et coupe-la de nouveau jusqu'au milieu.
3 - Demande à un adulte de couper la pomme en piquant jusqu'au centre avec un couteau pointu, en suivant une « ligne d'équateur » d'une fin d'incision à l'autre (d'un quart de tour), puis de laisser un quart de tour sans couper et enfin de couper un second quart de tour.
4 - La pomme doit maintenant s'ouvrir de manière surprenante.

« L'ALBUM DE MON DOUDOU » : TU PEUX REFAIRE L'ACTIVITÉ PAGE 6 À PARTIR D'UNE JOURNÉE DE VACANCES DE TON DOUDOU.

Masque de carnaval

Il te faut : une grande feuille de papier rigide, un crayon, de la colle, des ciseaux, des magazines, deux rubans, une agrafeuse.

Sur la feuille, recopie ce modèle de demi-masque avec une encoche pour le nez.
Il doit te cacher le front et les cheveux mais pas le bas du visage.
Découpe le contour. Attention, place bien les trous pour les yeux.
Découpe dans des magazines des yeux de taille réelle et colle-les.
Découpe ensuite des cheveux, des objets, des légumes, des fruits… Installe-les et colle-les en recouvrant l'ensemble du masque. On ne doit plus voir la feuille du dessous.
Agrafe les deux rubans sur les côtés.
Ils te permettront de fixer ton masque.

Tu peux, comme Arcimboldo dans ses peintures, te donner une contrainte : faire un masque uniquement avec des images de fruits ou de livres par exemple.

↑ ruban

VENISE, RIO, BÂLE, NICE... LE CARNAVAL EXISTE DANS DE NOMBREUSES VILLES. LE MOT « CARNAVAL » VIENT DE L'ITALIEN *CARNE LEVARE* : « LEVER LA VIANDE », C'EST-À-DIRE L'ENLEVER DES MENUS. CE SONT À L'ORIGINE DES « JOURS GRAS » AVANT LA PÉRIODE DE JEÛNE DU CARÊME. C'EST AUSSI UNE FAÇON DE FÊTER L'ARRIVÉE DU PRINTEMPS. CHEZ LES ROMAINS OU AU MOYEN ÂGE, LES FÊTES POPULAIRES DU CARNAVAL ÉTAIENT L'OCCASION DE SE MOQUER DE L'AUTORITÉ.

ON FABRIQUE SOUVENT UN GRAND BONHOMME : SA MAJESTÉ CARNAVAL (VAVAL AUX ANTILLES) QUI SERA À LA FIN, SELON LES PAYS, BRÛLÉ, DÉCAPITÉ OU JETÉ À L'EAU.

Masque en carton ondulé

**Il te faut : du carton ondulé (70 cm x 50 cm), de la peinture, des gros pinceaux, une paire de ciseaux, de la colle, une agrafeuse et, au choix, du papier, des plumes, du raphia.
Tes parents auront besoin d'un cutter.**

Forme un cylindre de carton ondulé de 50 cm de hauteur.
Les ondulations doivent être verticales et orientées vers l'extérieur.
Glisse ta tête dans le cylindre (il doit reposer sur tes épaules).
Demande à tes parents de l'agrafer au bon diamètre sans t'écraser le nez et de repérer l'emplacement de tes yeux.
Enlève ton masque.
Lorsque tes parents auront ouvert au cutter des fenêtres pour les yeux et pour la bouche (rectangles, ronds…), à toi de peindre le carton selon tes projets en traçant des bandes et en marquant les contours des ouvertures par exemple.
Une fois la peinture sèche, réalise de petits éventails en pliant le papier en accordéon. Découpe également de fines bandes et fixe-les ensemble (tu peux les « friser »).
Agrafe ou colle l'ensemble, plumes et raphia compris, sur ton masque.
Le carnaval peut commencer !

Crêpes caramel au beurre salé

LA PÂTE À CRÊPES

Il te faut : un saladier, une grande cuillère en bois, un couteau, 250 g de farine, sel, quatre œufs, du sucre vanillé, 3/4 de litre de lait, 50 g de beurre fondu.

Ajoute dans l'ordre les ingrédients les uns aux autres, mélange bien et laisse reposer la pâte.

LE CARAMEL AU BEURRE SALÉ

Il te faut : une petite casserole, une cuillère en bois, sept cuillères à soupe de sucre en poudre, une cuillère à café d'eau, 80 g de beurre salé, 15 cl de lait concentré non sucré.

Dans cette phase de la recette, tu assisteras un adulte car les interventions se déroulent pendant la cuisson.

Dans la casserole, faire chauffer le sucre avec l'eau.
Ajouter le beurre coupé en morceaux.
Fouetter le sucre avec le beurre.
La préparation va dans un premier temps prendre un peu de volume puis la consistance d'une crème.

Sur un feu pas trop fort et toujours en fouettant, attendre que la crème prenne une couleur dorée puis ajouter le lait concentré.
Verser le caramel au beurre salé dans un bol pour qu'il refroidisse.

Faire cuire les crêpes dans une poêle beurrée. Les poser sur une assiette.

Sers tes crêpes accompagnées du bol de caramel au beurre salé.

Guili-Toc Jeu de société

Il te faut : des images, une feuille de papier cartonné, de la colle, une paire de ciseaux.

FABRICATION DU JEU

Le plateau de jeu est un quadrillage de 30 cases au moins, constitué d'images doubles mélangées.
Elles peuvent être identiques pour des joueurs à partir de deux ans ou « positif/négatif » à partir de trois ans.
Il faut d'abord choisir un thème de Guili-Toc : le Guili-Toc des formes, des animaux, des lettres, de la famille…
Pour créer le plateau de jeu, tes parents peuvent :
– découper et coller des formes en positif/négatif,
– dessiner en positif/négatif,
– préparer le quadrillage sur ordinateur en utilisant des silhouettes et en inversant les couleurs d'une image à l'autre,
– préparer le quadrillage sur ordinateur en utilisant des photos et la fonction « négatif » d'un logiciel de traitement d'images. Pour agrandir le plateau de jeu du format A4 au A3, utilise la fonction d'agrandissement d'un photocopieur.
Colle la feuille sur le papier cartonné et plastifie ton jeu pour ne pas l'abîmer.

LE JEU

Il se joue à deux. L'un des deux joueurs montre une image en disant « Guili », l'autre doit retrouver son négatif (ou son double pour les plus jeunes) en disant « Toc ! ».
On change de rôle à chaque tour.

LES ACTIVITÉS DU « CARNET DE VOYAGE » PAGES 122 À 125 ET 132 À 135 SONT AUSSI ADAPTÉES POUR LES VACANCES D'HIVER.

Sculptures de papier

Il te faut : un rouleau ou de grandes feuilles de papier kraft ou blanc, des feuilles plus rigides, du raphia, de la colle, une agrafeuse, une paire de ciseaux.

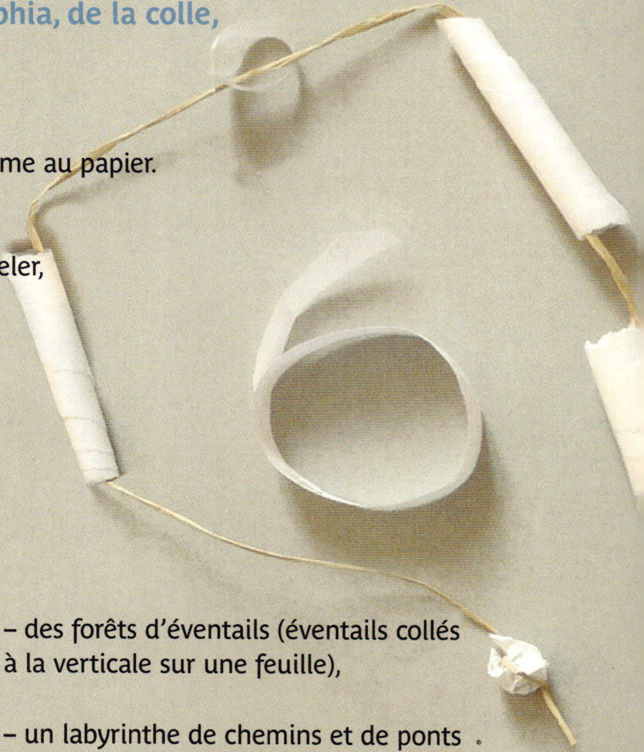

Pour créer des sculptures, il faut donner du volume au papier.
Choisis un type d'action parmi les suivantes : enrouler, rouler, entortiller, plier, tresser, nouer, froisser, défroisser, faire des boules, franger, denteler, froncer, empaqueter...
En fonction de l'action choisie, tu devras déchirer ou découper le papier.
Après avoir réalisé plusieurs petites sculptures, associe-les, colle-les sur une feuille rigide ou fixe-les ensemble avec le raphia.

Tu pourras ainsi obtenir :

– une guirlande de rouleaux et de cônes (papier déchiré enroulé + raphia),

– un filet de papier tortillé (fixé avec des agrafes),

– une cascade de franges (papiers frangés collés sur une feuille),

– des montagnes de boules (ensemble de boules fixées avec de la colle et ficelées avec du raphia),

– des forêts d'éventails (éventails collés à la verticale sur une feuille),

– un labyrinthe de chemins et de ponts (sur une petite feuille, enchevêtrement de bandes très longues dont les deux extrémités peuvent être collées côte à côte),

– des chapeaux extraordinaires (bande large couronnant la tête sur laquelle sera collé du papier mis en forme par la technique de ton choix).

DANS LA NEIGE : LES BONSHOMMES N'ONT PAS DE SOUCI À SE FAIRE MAIS TU PEUX AUSSI CONSTRUIRE UNE SORCIÈRE, UN CHEVAL, UN CHAMEAU OU UNE VOITURE DE NEIGE.

FÉVRIER

Arts premiers

Il te faut : un pain d'argile blanche ou rouge, des petits outils (des cure-dents, des piques à brochette, du fil de fer), du raphia, un bâton (petite branche d'arbre).

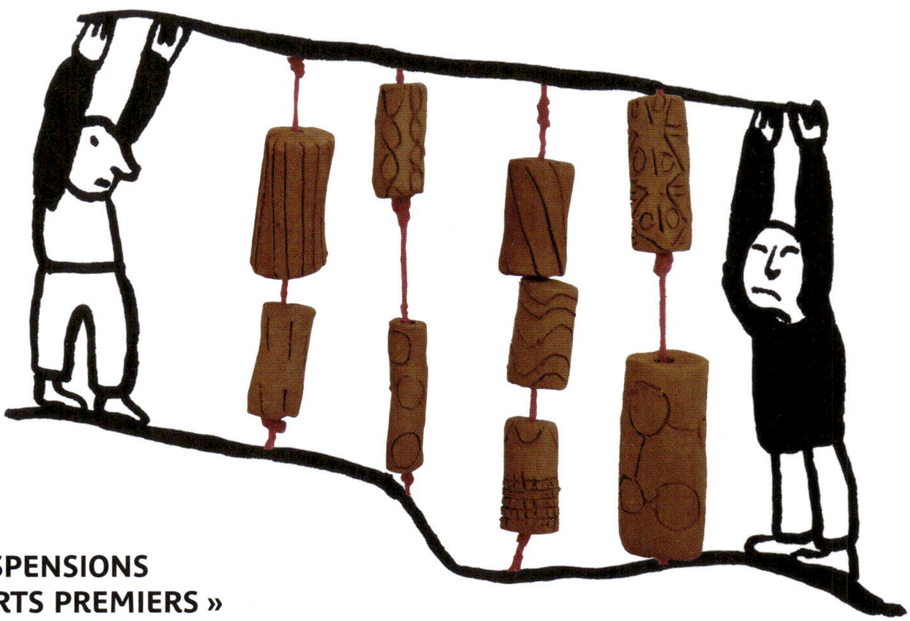

SUSPENSIONS « ARTS PREMIERS »

Prends ton pain de terre et demande à un adulte de t'en couper une grosse tranche.
Prends des petits morceaux de terre et roule-les sur la table avec tes deux mains afin de modeler des colombins de tailles et de grosseurs différentes.
Avec une paille ou une pique à brochette, fais un trou à l'extrémité des colombins ou bien transperce-les de haut en bas (comme ci-dessus).

Avec des outils comme des cure-dents, des piques à brochette, du fil de fer… dessine sur les colombins, en enfonçant légèrement la terre, des motifs à base de lignes brisées, de ronds, d'arabesques.
Laisse-les sécher.
Enfile-les sur du raphia ou de la ficelle en les espaçant avec des nœuds et en jouant sur les tailles.
Attache les fils à un bâton.

PLAQUES « ARTS PREMIERS »

Coupe des petites plaques de terre et étale-les avec tes mains ou avec un rouleau.
Décolle-les une première fois de la table.
Pour les décorer, tu peux :
– dessiner dessus avec des outils comme pour les suspensions,
– faire des empreintes en appliquant sur la terre des feuilles d'arbres, des pièces de jeux de construction…,
– découper des fenêtres avec l'aide d'un couteau à bout rond sans faire le tour complet afin de pouvoir les ouvrir comme des volets. Toutes les formes sont possibles.
Laisse sécher sur des feuilles de papier.

PROFITE D'UNE VISITE À PARIS POUR TE RENDRE DU MUSÉE DU QUAI BRANLY. TU Y DÉCOUVRIRAS DE MAGNIFIQUES OBJETS EN TERRE.

Le printemps

Le boa des nombres

Il te faut : deux grandes feuilles de papier, des feutres, un dé, deux pions.

FABRICATION DU JEU

Les plateaux : Prends les grandes feuilles de papier et dessine sur chacune d'elles un grand boa. La queue doit être à gauche. Dessine dans chaque corps de serpent 25 ronds allant de la queue à la tête.
Il te faut un dé et 1 pion par joueur.

LE JEU

Le but est d'arriver à la tête de son boa en premier.
Chacun choisit un boa.
Lance le dé et avance ton pion du nombre de cases indiquées par le dé.
Attention, on joue de la queue vers la tête !
C'est au tour du joueur suivant.

POUR LES PLUS JEUNES, VOIR « LE BOA DES COULEURS », PAGE 56.

VARIANTES

Tu peux remplacer le dé par des cartes à jouer de 1 à 6, mélangées et tirées au hasard.

Tu peux recouvrir le dé d'étiquettes autocollantes et remplacer les constellations (les points) par des chiffres de 1 à 6.

Tu peux jouer avec deux dés dont tu auras modifié les faces grâce à des étiquettes autocollantes : un dé ordinaire, un dé avec 4 faces où sera dessiné le signe + et 2 faces où sera dessiné le signe –. En jouant, lance les deux dés ensemble et avance (+) ou recule (–) de la quantité de cases indiquées par le dé à constellations.

Tu peux jouer avec deux dés dont tu auras modifié les faces grâce à des étiquettes autocollantes : 2 faces de 1, 2 faces de 2, 2 faces de 3. Trace les points des constellations ou, si tu comptes très bien, remplace-les par des chiffres. Pour jouer, lance les deux dés ensemble puis avance ton pion de la somme des deux quantités indiquées par les dés.

CONNAIS-TU LES FRUITS DU PRINTEMPS ? POMME, FRAISE, RHUBARBE, CERISE.

Élevage d'escargots

Ramasse au cours d'une promenade des escargots : des escargots de Bourgogne, des petits-gris... Si possible, essaie d'en ramasser au moins deux à chaque fois de la même espèce pour qu'ils puissent se reproduire ; les escargots sont hermaphrodites et ils s'accouplent pour échanger des spermatozoïdes.

PRÉPARE TON ESCARGOTIÈRE

Dans une boîte en plastique transparente plus grande qu'une boîte à chaussures (et dont le couvercle est percé de petits trous : les escargots doivent pouvoir respirer), installe quelques pierres. Verse par-dessus environ 15 centimètres de terre et quelques feuilles. Place ton escargotière un peu à l'abri de la lumière et n'oublie pas d'asperger régulièrement la terre, à l'aide par exemple d'un vaporisateur. Les escargots aiment l'eau car elle les aide à bien respirer.

QUELQUES IDÉES D'ACTIVITÉS

Pour comprendre comment se déplacent les escargots, pose-les sur une plaque de verre. Observe-les par en dessous et tu verras les muscles de leur pied onduler.

Organise une course. Sur le sol, à l'aide d'une craie, trace cinq cercles concentriques espacés chacun de 5 centimètres. Place tes escargots dans le cercle le plus petit et c'est parti…

Varie leur alimentation et observe leurs excréments. Ils aiment la salade mais donne-leur aussi une carotte ou un peu de craie violette. Nettoie souvent l'escargotière, ne laisse pas les aliments pourrir.

Les escargots sont très forts. Tu peux leur donner des charges à tirer. Noue autour de leur coquille une petite ficelle et attache au bout un petit jouet en plastique. Lorsque tu as fini l'expérience, enlève bien sûr la charge.

Tu auras la chance peut-être de voir naître des bébés escargots. Les escargots, pour qu'ils puissent se reproduire, doivent être adultes. Par exemple chez les petits-gris la coquille d'un adulte est dure et elle forme une petite visière.

Lorsque tu auras fini ton élevage, replace les escargots dans la nature à l'endroit où tu les avais trouvés.

S'IL PLEUT, TU PEUX JOUER À LA BATAILLE RETOURNÉE AVEC DEUX PAQUETS PAR JOUEUR : N'UTILISE QUE LES CARTES DE 1 À 6 ET ADDITIONNE LES VALEURS DES DEUX CARTES QUE CHAQUE JOUEUR RETOURNE DEVANT LUI. LES AUTRES RÈGLES DE JEU SONT IDENTIQUES À LA BATAILLE TRADITIONNELLE.

1, 2, 3... dans le livre !

Il te faut : un porte-vues, une paire de ciseaux, de la colle, des feuilles format A4, des magazines.

Recherche des images d'animaux accompagnés de leurs petits dans des magazines.

Découpe les images puis classe-les en fonction du nombre d'animaux. Numérote les feuilles format A4 en écrivant grand de 1 à 10 (ou plus).

Colle sur la feuille 1 une image faisant apparaître un animal et demande à tes parents d'écrire son nom en dessous. Par exemple : « 1 dromadaire ».

Colle sur la feuille 2 l'image de deux animaux de la même espèce. On écrira le nom de l'animal puis celui du mâle et de la femelle. Par exemple : « 2 ânes : un âne et une ânesse ».
Colle sur la feuille 3 l'image d'un couple d'animaux avec leur petit. On écrit par exemple : « 3 chats : le chat, la chatte et le chaton ».
Continue jusqu'à 10 en changeant d'animal à chaque page et en indiquant le nombre, le nom du mâle, de la femelle et des enfants. Attention, certains animaux ne peuvent pas avoir 8 petits !

Range les feuilles dans l'ordre dans ton porte-vues.
Dessine une belle page de garde et invente le titre de ton livre à compter.

SAIS-TU COMBIEN DE TEMPS LA FEMELLE GARDE LE BÉBÉ DANS SON VENTRE AVANT LA NAISSANCE ?
POUR UNE SOURIS 3 SEMAINES, UN CHIEN OU UN LOUP ENVIRON 3 MOIS, UNE LIONNE 3 MOIS ET DEMI, UNE BREBIS 5 MOIS, UNE VACHE PLUS DE 9 MOIS, UNE JUMENT ENVIRON 11 MOIS, UNE BALEINE 1 AN ET UNE ÉLÉPHANTE D'AFRIQUE 1 AN ET 9 MOIS.

Patchwork de jardinets éphémères

Il te faut : des barquettes alimentaires de même couleur mais si possible de tailles différentes, du coton, de l'eau, des graines : du blé, du seigle, du sarrasin, des haricots, des lentilles, du maïs, des pois chiches, du lin, du cresson, du fenouil, du persil…

Dans chaque barquette, installe une bonne épaisseur de coton. Mouille-le légèrement puis dépose une variété de graines par barquette.
Varie la disposition des graines : dans une barquette forme une spirale, dans une autre aligne les graines (lignes obliques, parallèles, quadrillage…).

Place les barquettes les unes à côté des autres.
Très rapidement tes graines vont germer.
Veille à ce que le coton reste toujours humide.

CONNAIS-TU, AU BORD DE LA LOIRE, LE POTAGER ORNEMENTAL DE VILLANDRY INSPIRÉ DES DESCRIPTIONS DES JARDINS DE LA RENAISSANCE ? DES PLATES-BANDES DE LÉGUMES ET DE FLEURS FORMENT DES MOTIFS GÉOMÉTRIQUES. ILS SONT REGROUPÉS EN FONCTION DE LEURS COULEURS.

Peinture de pluie

Il te faut : de grandes feuilles de papier, de gros pinceaux, des morceaux d'éponges, de la peinture, de l'eau, des pailles, de petits récipients. Une blouse, des journaux pour protéger la table et le sol.

FAIRE PLEUVOIR

Dans des pots, mélange tes couleurs avec de l'eau afin d'obtenir de la peinture très liquide. Pose une feuille à plat, trempe ton pinceau dans l'un des pots et fait pleuvoir sur ta feuille. Le pinceau ne doit pas toucher la feuille.

PROJECTIONS

Accroche maintenant une feuille à la verticale. Pour faire pleuvoir dessus sans la toucher, il faudra cette fois effectuer de petits mouvements secs pour produire des projections.

SAIS-TU QU'UN ARTISTE, JACKSON POLLOCK, UTILISAIT DES BOÎTES TROUÉES ET DE LA PEINTURE LIQUIDE POUR FAIRE DES ŒUVRES À PARTIR DE COULURES ? ON APPELLE CELA LE *DRIPPING*.

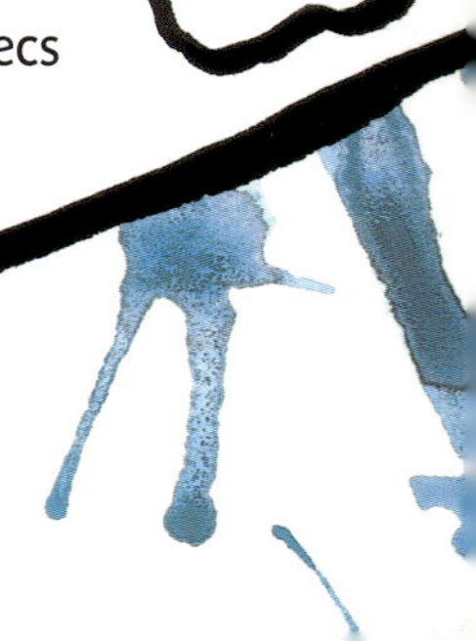

COULURES

Trempe ton pinceau dans un pot puis applique-le sur le haut d'une feuille fixée sur un plan vertical. Laisse-le en contact avec la feuille et observe le cheminement de la coulure. Recommence de nombreuses fois. Tu peux remplacer le pinceau par un petit morceau d'éponge.

SOUS LA PLUIE

Peins un personnage ou un paysage sur une feuille fixée à la verticale avec de la peinture très liquide. On aura l'impression qu'il se transforme en pluie.

CHEMINS DE GOUTTES

Sur une feuille posée à l'horizontale, dépose de la peinture très liquide. Souffle sur la peinture avec une paille très courte (pour avoir davantage de puissance). Des gouttes vont commencer à cheminer. Souffle ensuite sur chacune d'entre elles et dirige-les. Elles continueront leur chemin jusqu'à épuisement. Pense à faire quelques pauses pour que ta tête ne tourne pas.

Jeux de balles

Il te faut : une balle ou un ballon.

Tu peux jouer à deux ou seul contre un mur. Il y a douze niveaux de difficulté. Tu dois, à chaque niveau, lancer et rattraper la balle douze fois de suite sans t'arrêter et sans la faire tomber par terre. Quand tu as réussi un niveau, passe au suivant.

NIVEAUX

1. Lancer simple sans contrainte.
2. Lancer sans bouger les pieds.
3. Lancer sans parler et en comptant dans sa tête. Tu peux mettre l'index sur la bouche avant de rattraper la balle.
4. Lancer sans rire. Les grimaces sont bien sûr permises.
5. Lancer un pied levé.
6. Lancer l'autre pied levé (repose le premier !).
7. Lancer d'une main. Si tu es très fort, tu peux essayer d'attraper d'une main.
8. Lancer de l'autre main (et attraper de l'autre main).
9. Petite frappe : frappe dans les mains devant toi avant de rattraper la balle.
10. Grande frappe : frappe dans les mains devant et derrière toi avant de rattraper la balle.
11. Petit moulin : fais un moulinet avec les mains avant de rattraper la balle.
12. Grand moulin : tourne une fois sur toi-même avant de rattraper la balle.

DANS LES BOIS, IL Y A PEUT-ÊTRE DES JONQUILLES À CUEILLIR.

AUTRES DIFFICULTÉS POSSIBLES

- Le chevalier : un genou au sol.
- Le sacre du chevalier : les deux genoux au sol.
- La petite fatigue : assis par terre.
- La grosse fatigue : couché sur le dos ou sur le ventre.
- Le french cancan : sous la jambe.
- Le rossignol : en chantant.
- Le Bolchoï : en dansant.

Si tu inventes des difficultés supplémentaires, n'oublie pas de leur donner un nom.

LE JEU DES MOUCHES

Les joueurs se lancent la balle à tour de rôle. Ils gagnent une « mouche » à chaque balle attrapée. Compte à voix haute.

Pour ne pas laisser tes mouches s'envoler, referme vite tes mains entre chaque prise de balle en les joignant. Tu perds tes mouches si tu ouvres les mains quand tu n'as pas la balle ou si tu fais tomber la balle.

Le premier qui a dix mouches a gagné.

DEMANDE À TES PARENTS DE GONFLER UN GANT EN PLASTIQUE COMME UN BALLON DE BAUDRUCHE. TU OBTIENS UNE DRÔLE DE TÊTE DE POULE : LE POUCE DEVIENT UN BEC, LES AUTRES DOIGTS LA CRÊTE, IL NE RESTE PLUS QU'À DESSINER LES YEUX AVEC UN FEUTRE.

Poissons d'avril !

FISH

Il te faut : du fil de fer gainé, une pince coupante, du film plastique, un feutre tout support.

Coupe un bout de fil de fer.
Donne-lui la forme d'un 8 avec un côté aplati.
Emballe-le dans du film plastique.
Au feutre, dessine dessus les arêtes du poisson, ses écailles, ou amuse-toi à écrire « poisson » dans de nombreuses langues : *fish, pesce, pescado, peixe, fisch, vis*...

POISSON EN PAPIER TOUT SIMPLE

Il te faut : une feuille de papier, une paire de ciseaux.

1 - Découpe une bande de papier.

2 - À la même distance de chaque extrémité, coupe une encoche.

3 - Emboîte les deux encoches.

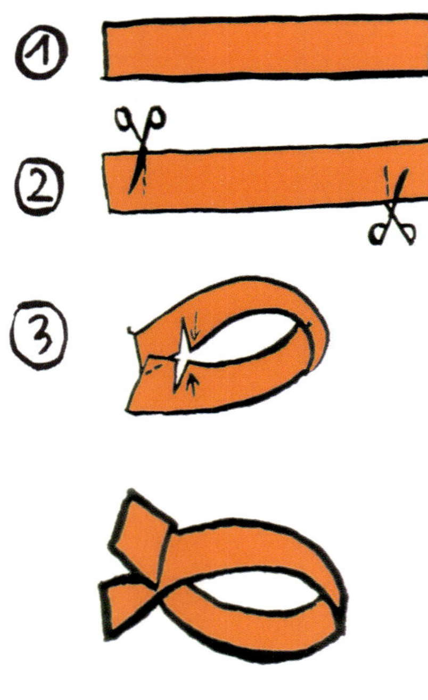

LE 1[ER] AVRIL, N'OUBLIE PAS DE FAIRE DES FARCES À TOUT LE MONDE.
ENVOIE DES POISSONS D'AVRIL EN ART POSTAL (VOIR PAGE 48).

Bonshommes d'art brut

L'art brut est un art spontané, solitaire, hors norme, sans visées culturelles réalisé par des non-professionnels.
Cette dénomination a été inventée par Jean Dubuffet en 1945.

RÈGLE DU JEU

Tu vas composer un bonhomme, un personnage uniquement avec ce que tu trouves autour de toi.
Installe-toi dans une pièce de ta maison (cuisine, salle de bain…).
Cherche tous les objets qui peuvent te servir à figurer un bonhomme.
Installe-les.
Tu peux garder une trace en photographiant tes bonshommes et en rassemblant tes photos dans un cahier. Cette collection sera ton catalogue d'art brut.
Il ne reste plus qu'à ranger…

Cette activité est aussi réalisable en extérieur, dans un jardin, un parc ou une forêt.

LES ŒUVRES D'ART BRUT LES PLUS CÉLÈBRES EN FRANCE SONT : « LE PALAIS IDÉAL DU FACTEUR CHEVAL » À HAUTERIVES DANS LA DRÔME, « LE MANÈGE DE PETIT PIERRE » JOYAU DE LA FABULOSERIE SITUÉE À DICY, DANS L'YONNE.

Patates à gogo

La culture des pommes de terre est très facile. Il existe de nombreuses variétés et leurs noms sont plus jolis les uns que les autres : Amandine, Désirée, Franceline, Chérie, Agata, Charlotte, Manon, Carlita, Monalisa…

Il te faut : un carré de jardin dont la terre a été retournée (compte au moins 2 m sur 3 m), un outil pour biner, une pelle pour retourner la terre, de l'eau pour arroser, des pommes de terre que tu auras laissé germer.

Creuse un ou plusieurs sillons dans la terre. Ils doivent être parallèles, espacés d'au moins 80 cm et d'une profondeur d'environ 10 cm.

Dans chaque sillon, dépose tes pommes de terre, les germes vers le haut. Laisse environ 30 cm entre chaque pomme de terre et recouvre-les de terre.

GARDE UNE PETITE PLACE POUR DES PLANTS DE TOMATES-CERISES. C'EST TRÈS FACILE À CULTIVER MAIS IL LEUR FAUDRA UN TUTEUR.

Arrose légèrement mais régulièrement tes plants. Arrache les mauvaises herbes et bine la terre pour l'aérer.

Petit à petit le feuillage va apparaître. Dès qu'il atteint une hauteur d'environ 15 cm, remonte la terre de chaque côté des plants pour former une petite butte.

Des fleurs blanches vont apparaître.
Lorsqu'elles se transformeront
en petites baies non comestibles
(deux ou trois mois après la plantation),
tu pourras commencer à récolter
tes pommes de terre.
Plus tu attendras, plus tes tubercules
seront gros.

Pour les ramasser, arrache le feuillage
et retourne la terre.
Cherche bien, elles sont cachées !

CRÉE UN ARC-EN-CIEL : LORSQUE TU ARROSES LE JARDIN, TOURNE L'EMBOUT DU TUYAU EN POSITION DE PLUIE FINE ET, DOS AU SOLEIL, DIRIGE LE JET VERS LE CIEL.
TU VERRAS MIEUX TON ARC-EN-CIEL SI TU ES FACE À UN ESPACE SOMBRE (MUR, OMBRE, MASSIF D'ARBRES...).

AVRIL

Joyeux anniversaire !

Voici une idée de grand jeu qui aidera tes parents à organiser ta fête d'anniversaire. Les enfants sont regroupés en deux ou trois équipes de trois ou quatre joueurs. Sur le plateau de jeu, chaque équipe va déplacer son pion sur son chemin pour aller de la case DÉPART à la case ARRIVÉE.

Chaque case a une couleur. Chaque couleur correspond à une activité. Les équipes ne font pas les mêmes activités au même moment. Quand une activité est finie ou réussie, l'équipe passe à la suivante.

- Pêche à la ligne.
- Les enfants se déguisent puis sont pris en photo (souvenir de la fête).
- Tir au but ou au panier avec une balle : 3 buts par joueur.
- Parcours de voiture télécommandée.
- Jeux de boules en 10 points ou de balles, voir page 84.
- Dessiner son autoportrait. (Les dessins sont ensuite affichés.)
- Parcours de patinette.
- Façonner des personnages en pâte à modeler.
- Avec des jeux de construction : construire la tour la plus haute possible.
- Kim vue (voir page 16).
- Kim odorat (voir page 32).
- Kim goût (voir page 32).
- Kim toucher (voir page 33).
- Autre Kim son (voir page 33).

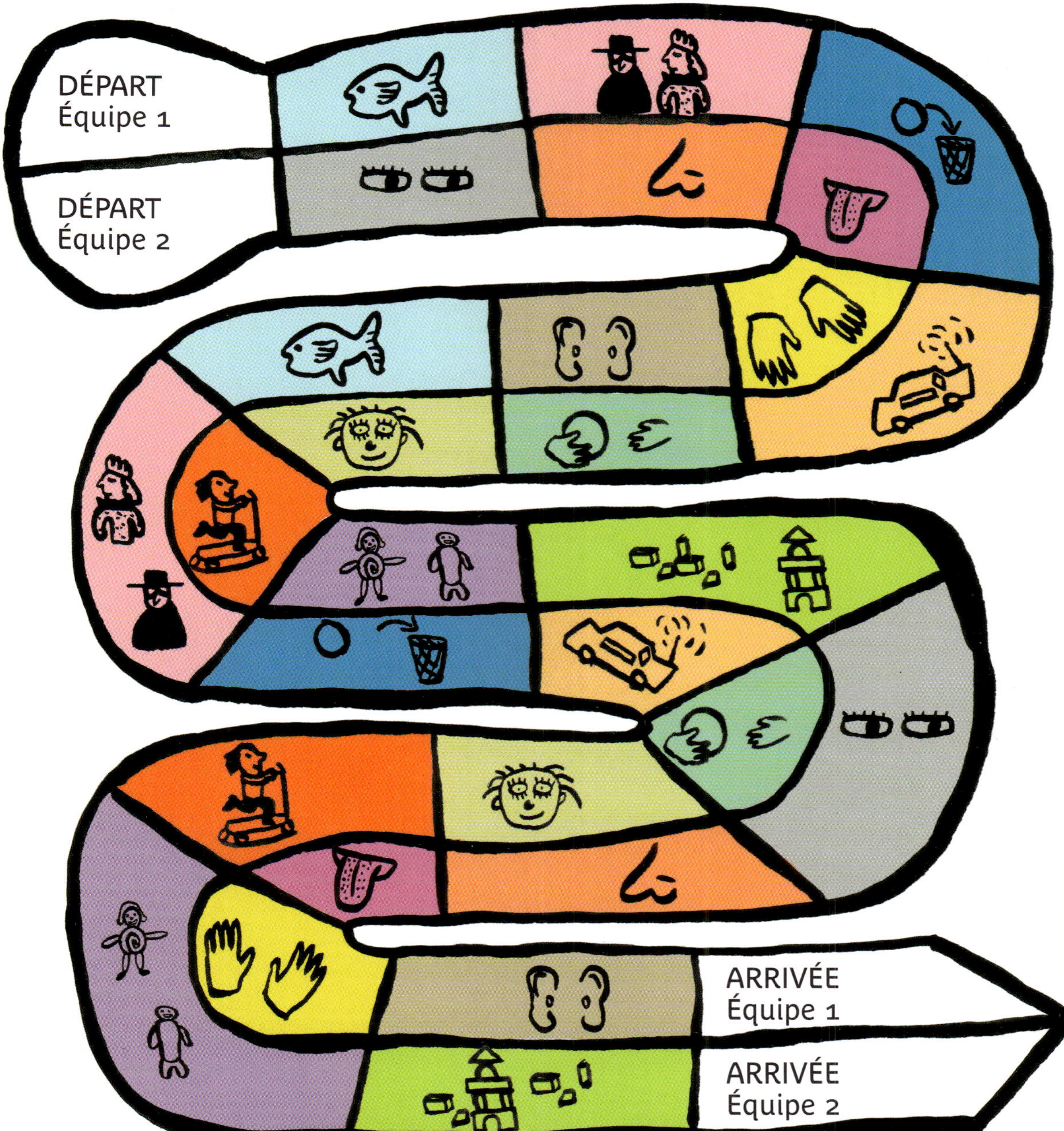

POUR FAIRE DES CARTES D'INVITATION, RENDEZ-VOUS PAGES 48 À 51, « ART POSTAL ».
ET SI TU VEUX FABRIQUER DES CHAPEAUX DE FÊTE, TOURNE LA PAGE.

Chapeaux de fête

Il te faut : une bande de papier cartonné ou bristol de 5 cm de large et de la longueur de ton tour de tête + 5 cm, deux feuilles de papier de soie de couleurs différentes, du raphia si possible de la couleur d'une des deux feuilles, un petit morceau de tulle si tu veux faire une voilette, des paillettes, de la colle, une agrafeuse.

FABRIQUE TON CHAPEAU

Pose les feuilles de papier de soie l'une sur l'autre.
Sur leur longueur, pose la bande de papier cartonné, recouvre-la de papier de soie en l'enroulant (deux plis) puis agrafe les feuilles ensemble.
Demande à un adulte d'ajuster les feuilles autour de ta tête juste au-dessus des oreilles, de les ôter en maintenant la mesure de ton tour de tête et d'agrafer le cylindre en orientant les deux petits crochets des agrafes vers l'extérieur pour ne pas accrocher tes cheveux.
Couvre-toi de ton chapeau. Forme le haut en ajustant au plus près le papier de soie sur tes cheveux puis serre-le avec un lien de raphia.
Pour la suite, deux possibilités :
Replie une feuille de papier de soie vers le bas de façon à faire apparaître celle qui se trouve en dessous.
Replie les deux feuilles de papier de soie ensemble de façon à former un pompon.
Fais-le tenir avec du raphia.

TU TROUVERAS D'AUTRES IDÉES DE CHAPEAUX PAGE 70.

DÉCORE TON CHAPEAU

Colle des paillettes autour du bandeau.
Fixe un morceau de tulle à l'avant du chapeau pour former une voilette, ou bien attache à l'arrière une tresse réalisée avec du raphia.

Fromage blanc au coulis de fraises

Il te faut : 100 g de sucre en poudre, 500 g de fraises, 1 pot de 500 g de fromage blanc à 40 % légèrement sucré, un cure-dent, un saladier, un mixeur, une grande cuillère.

Mixe les fraises après les avoir lavées et après avoir ôté leur queue.
Ajoute le sucre et mélange bien.
Verse le fromage blanc dans un saladier.
Verse par-dessus le coulis en formant une spirale en partant du centre du saladier.

Avec le cure-dent, « tire » doucement le coulis des deux côtés de la spirale de façon à la faire ressembler à une chenille.
Tu peux utiliser des petits ramequins au lieu d'un saladier.

Triminos

Il te faut : du papier cartonné épais, une paire de ciseaux, un feutre noir.

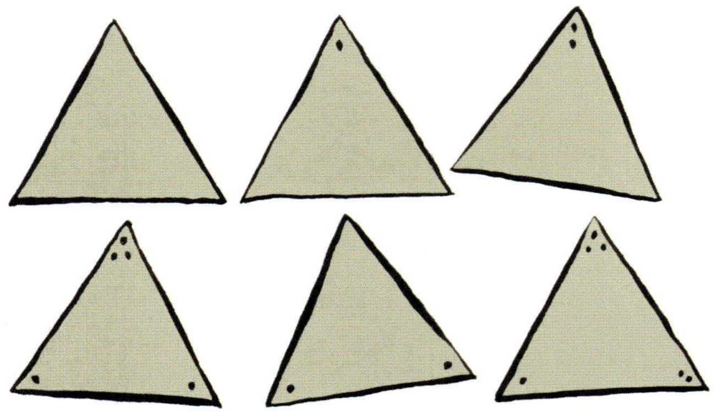

FABRICATION DU JEU

Découpe 24 triangles équilatéraux de 5 cm de côté. Chaque sommet doit porter une des quatre données suivantes : aucun point, 1 point, 2 points ou 3 points. Il n'y a aucune pièce identique. Reproduis ces pièces :

Pour les plus jeunes, remplacer les nombres de points par des couleurs :

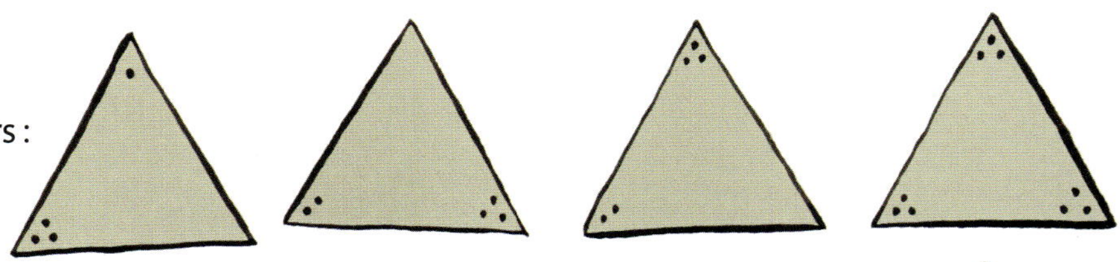

LE JEU

Il se joue seul ou à deux.
Le but est de réaliser les figures suivantes en respectant la règle d'assemblage : les sommets réunis doivent avoir les mêmes indications.

LES FIGURES À RÉALISER :

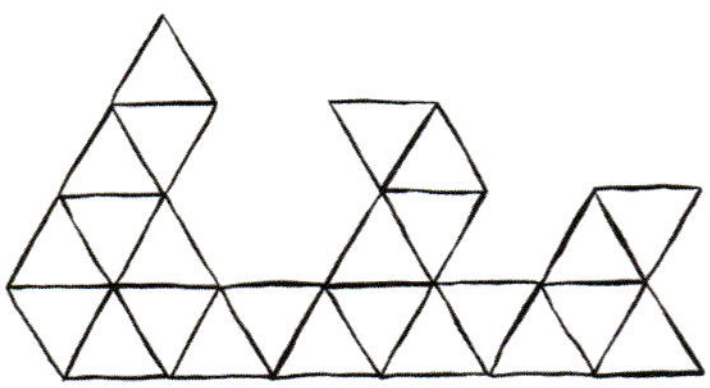

Le chat au soleil

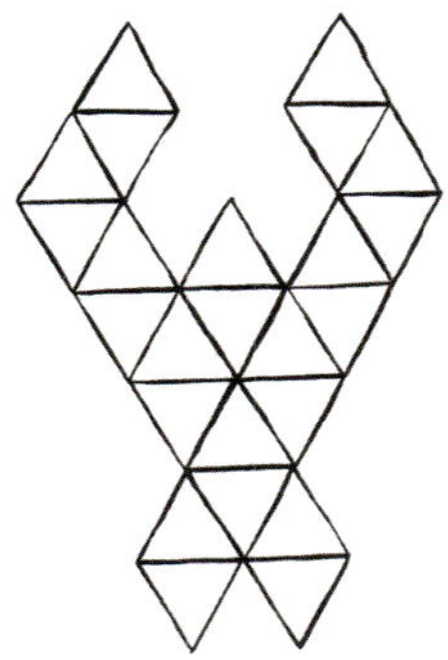

La grenouille en forme

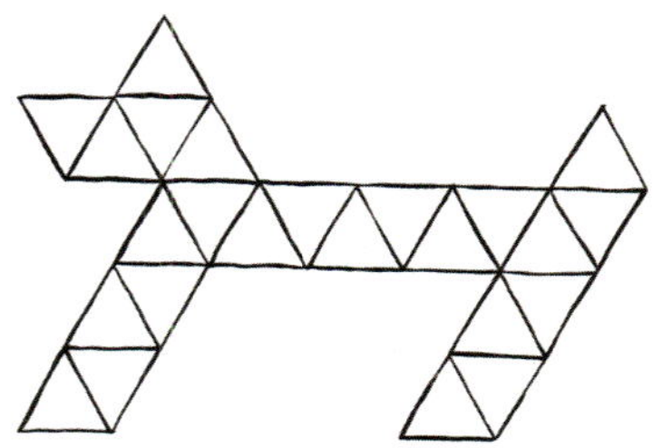

Le chien s'étirant.

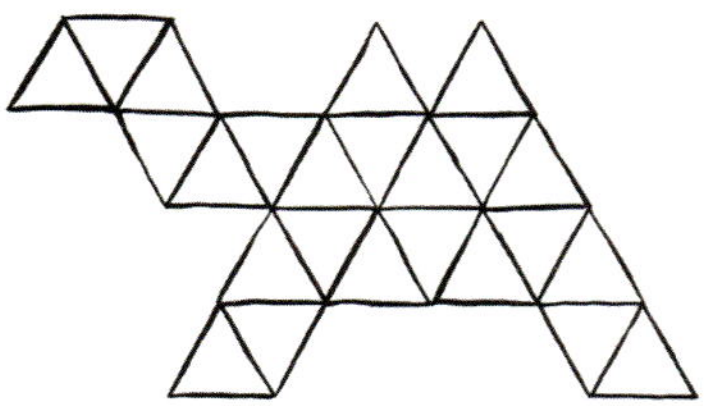

Le droma... non, le chameau !

Monsieur Muscle.

Le chien assis.

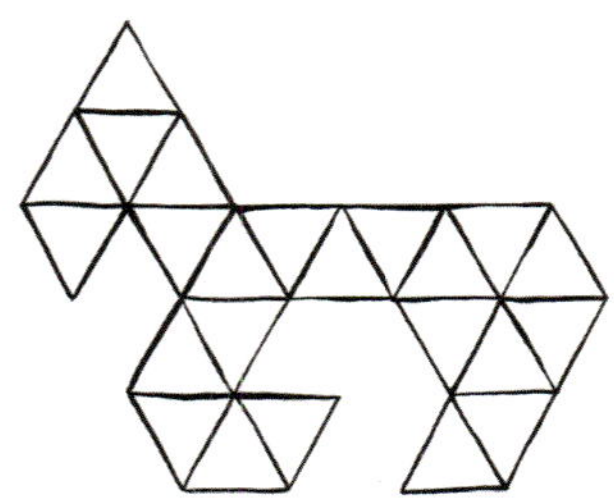

Le petit âne gris.

À toi d'en inventer d'autres !

À PÂQUES, SI TU VEUX TEINDRE DE VÉRITABLES ŒUFS, FAIS-LES CUIRE 10 MIN DANS L'EAU EN AJOUTANT UN COLORANT NATUREL : BETTERAVE POUR LE ROUGE, CHOU ROUGE POUR LE BLEU, CHOU ROUGE AVEC VINAIGRE POUR LE ROSE, FEUILLES D'ÉPINARD POUR LE VERT, PELURE D'OIGNON POUR LE ORANGE. POUR AVOIR UNE COULEUR PLUS FONCÉE, PASSE L'ŒUF SOUS L'EAU FROIDE EN FIN DE CUISSON.

Musique verte

FLÛTE PISSENLIT

1 - Cueille une fleur de pissenlit qui a une longue tige.
2 - Ôte la fleur.
3 - Écrase délicatement l'une des extrémités en la fendant légèrement des deux côtés. Tu obtiens une anche vibrante.

Introduis sur 2 ou 3 cm cette anche dans ta bouche, serre doucement les lèvres et souffle fort. Tu entendras un vrombissement. Si la tige est longue et rigide, perce avec les ongles deux ou trois trous, place tes doigts dessus et joue comme avec une flûte à bec.

SIFFLET ÉPHÉMÈRE

Il faut utiliser un couteau, demande à tes parents de t'aider.

1 - Couper une baguette de noisetier bien droite. Fendre l'extrémité sur environ 5 cm.

2 - Introduis jusqu'au fond de la fente une feuille de lierre ou un vieux ticket de bus.
3 - Arase de chaque côté. Souffle sur un côté.

CLAC-CLAC

Il faut un couteau ou un sécateur, une épingle.
À partir d'une branchette, couper un trident de bois. Sectionner la tige centrale un peu au-dessus de sa base. Transpercer la tige en son milieu avec l'épingle.
Fixer le tout horizontalement à la ramification centrale.
Pour jouer du clac-clac, tiens la base de la fourche entre tes mains et frotte-les, les tiges vont s'entrechoquer.

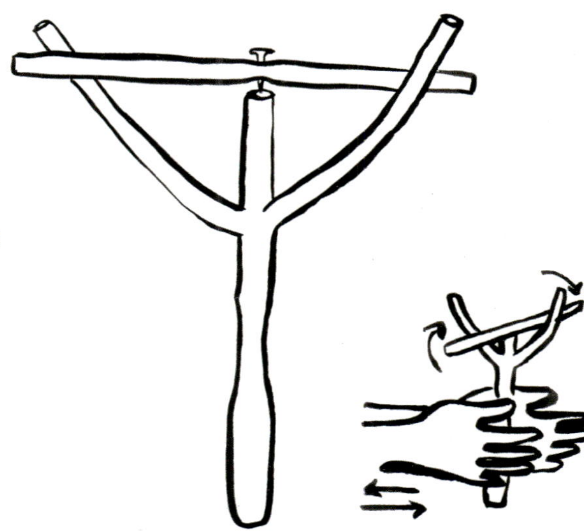

Pour la fête des parents

FABRIQUE UNE CARTE

Il te faut : une feuille de papier format A4 un peu rigide de couleur, des feuilles de papier de différentes couleurs, une paire de ciseaux, de la colle, du matériel à dessin.

Plie la feuille épaisse en deux.

Demande à un adulte de découper dans les feuilles de couleur plusieurs ronds (ou des carrés, des triangles, des rectangles) de cinq tailles différentes.

Organise ces formes prédécoupées de manière concentrique en les empilant par ordre de taille décroissant (de la plus grande à la plus petite) et en variant les couleurs à chaque « couche », comme sur les modèles ci-contre.

Prépare plusieurs assemblages et colle-les tous sur l'extérieur de ta carte.

Dessine ta famille à l'intérieur de la carte.

CONFECTIONNE DES GÂTEAUX-SURPRISES

Il te faut : un fouet, un saladier, une grande cuillère, une plaque pour le four, une petite cuillère, quatre blancs d'œufs, 120 g de beurre mou + un morceau pour la plaque, 125 g de sucre, 125 g de farine, deux cuillères à soupe de lait, 1 sachet de sucre vanillé. Du papier, une paire de ciseaux, des feutres fins.

Découpe des bandes de papier de 1 cm sur 3 cm. Dessine dessus ou écris des petits mots doux.

Prépare la pâte :
Demande à un adulte d'allumer le four (thermostat 7).
Dans le saladier, fouette le beurre avec le sucre et le sucre vanillé.
Ajoute les blancs d'œufs un à un puis la farine et enfin le lait. Utilise la grande cuillère pour mélanger.
Sur la plaque beurrée, à l'aide de la petite cuillère, dépose 3 ou 4 petits tas de pâte. Espace-les car ils vont s'étaler en cuisant.
Demande à un adulte d'enfourner.
Les petits tas deviennent des petites crêpes. Il faut les sortir lorsque le tour est un peu brun. Puis les décoller rapidement.
Ils sont mous, tu peux alors leur donner une forme de cigarette en les roulant et en ayant placé auparavant à l'intérieur une des bandes de papier que tu auras préparées. Attention aux doigts, c'est un peu chaud !
Recommence l'opération plusieurs fois.
Tu peux conserver tes gâteaux plusieurs jours dans une boîte métallique avant de les offrir.

Mon imagier

Tu as déjà regardé ou lu des imagiers, des abécédaires.
Ces livres te permettent de découvrir le monde et d'apprendre des mots nouveaux. Et si tu créais le tien ?

Il te faut : un porte-vues, une paire de ciseaux, de la colle, des feuilles de papier format A4 et des magazines.

Choisis un thème : les animaux, les maisons, les voitures, Noël, le cirque, la montagne, la couleur bleue, les âges de la vie…

Dans des magazines, découpe des images en relation avec ce thème. Cherche aussi parmi d'anciennes cartes postales ou photographie des objets.

Classe et colle ces images sur les feuilles puis range-les dans le porte-vues.

Tu peux aussi écrire les légendes ou les dicter à tes parents. Reprends régulièrement ton imagier pour le compléter.

Mon herbier

Il te faut : un cahier à dessin, du papier journal, de la colle blanche liquide.

Choisis et cueille des feuilles d'arbres différents. (Ne les ramasse pas par terre, elles se conserveraient moins bien !)

Place les feuilles entre deux pages de papier journal. Il ne faut pas qu'elles se touchent entre elles.

Glisse délicatement l'ensemble à l'horizontale entre des gros livres. Attends une semaine pour qu'elles sèchent.

Fixe avec quelques touches de colle les feuilles dans ton cahier sans les serrer et écris dessous le nom de l'arbre.

Tu peux décorer la couverture de ton herbier en dessinant ou en faisant un montage avec une grande quantité d'images d'arbres découpées dans un catalogue de jardinerie. Puis écris le titre.

EN MAI, TU TROUVERAS DU MUGUET DANS LA FORÊT !

Pliages mouvants

LA FLÈCHE

Il te faut : une feuille de papier.

1 - Plie la feuille en deux dans le sens de la longueur.

2 - Rabats les deux coins du haut vers le milieu.

3 - Rabats de nouveau les deux côtés vers le milieu.

4 - Rabats une troisième fois les côtés vers le milieu.

5 - Plie l'ensemble en deux sur le milieu.

6 - Redresse les ailes et retourne ton avion.

Décollage immédiat !!!

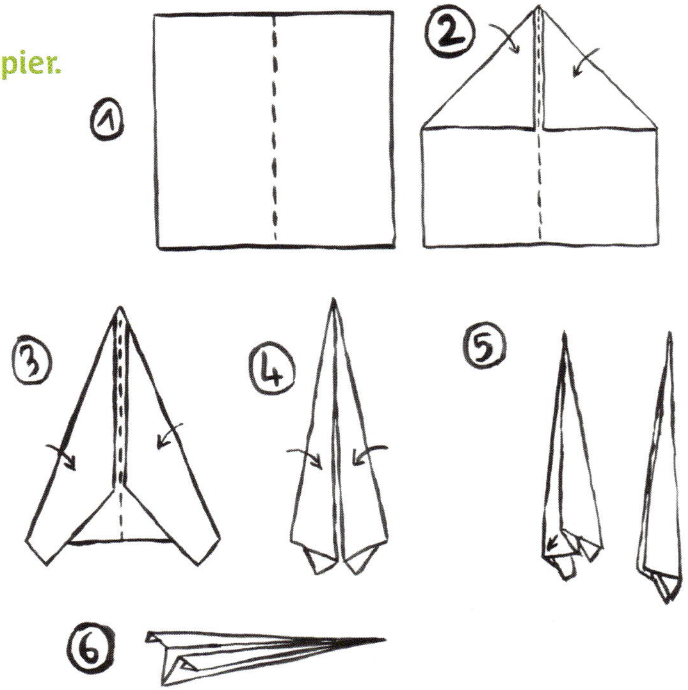

SI TU VEUX FABRIQUER UNE MANCHE À AIR, RENDEZ-VOUS PAGE 105.

LE MOULINET

Il te faut : une feuille de papier un peu épais de couleur, une épingle à tête, deux perles, un bouchon ou une baguette de bois tendre.

Suis les schémas :

POUR FABRIQUER UN MIKADO GÉANT : ACHÈTE DES TOURILLONS D'ENVIRON 1 MÈTRE DE LONG (RAYON BRICOLAGE), TAILLE-LES DANS LE GROS TROU D'UN TAILLE-CRAYON PUIS COLLE DES BANDES DE COULEURS AVEC LE SCOTCH QU'UTILISENT LES ÉLECTRICIENS.

Crumble rouge

Il te faut : deux pommes, 1 kilo de framboises ou de cerises, 80 g de beurre + un morceau pour le plat, 120 g de farine, 20 g de chapelure, 50 g de sucre roux, 1 pincée de sel, un plat, un couteau, un saladier.

1

Pèle les pommes et coupe-les en tranches très fines. Lave les framboises et équeute-les si nécessaire.
Si tu utilises des cerises, enlève les noyaux.
Demande à un adulte d'allumer le four (thermostat 7).
Verse les fruits dans le plat beurré, saupoudre-les d'une cuillère de sucre et fais-les cuire 10 minutes.

2

Pendant ce temps, prépare la pâte : dans un saladier, mélange la farine, le sucre, le sel et la chapelure.
Ajoute le beurre.
Frotte la pâte du bout de tes doigts.
Sa consistance doit ressembler à du sable.

3

Répartis la pâte sur les fruits et continue à faire cuire pendant 20 minutes.

4

Tu peux servir ton crumble tiède avec du fromage blanc, de la crème fraîche ou de la crème à la vanille.

DÉCORE LA TABLE AVEC DES FLEURS CUEILLIES LORS D'UNE PROMENADE.

Manche à air

Une manche à air est un tube de toile qui, gonflé par le vent, en indique la direction et la force. En Chine, on suspend des jouets en papier aux formes variées (poissons, dragons…). Ils sont animés par le vent.

Il te faut : une bande de papier bristol (ou cartonné) de 2 cm sur 40 cm, une feuille de papier de soie ou de papier serpente (de couleur), un fil solide d'au moins 25 cm, de la colle blanche, une agrafeuse.

1 - Colle la bande de papier bristol sur l'extrémité de la largeur de la feuille de papier de soie.

2 - Recouvre la bande en pliant la feuille de papier de soie sur elle-même et en la collant à nouveau.

3 - Roule la bande de papier bristol sur elle-même et agrafe-la en faisant chevaucher ses extrémités de 2 cm.

4 - Assemble, toujours avec la colle blanche, les 2 bords de la feuille de papier de soie.

5 - Attache le fil en 2 points sur la bande de papier bristol.

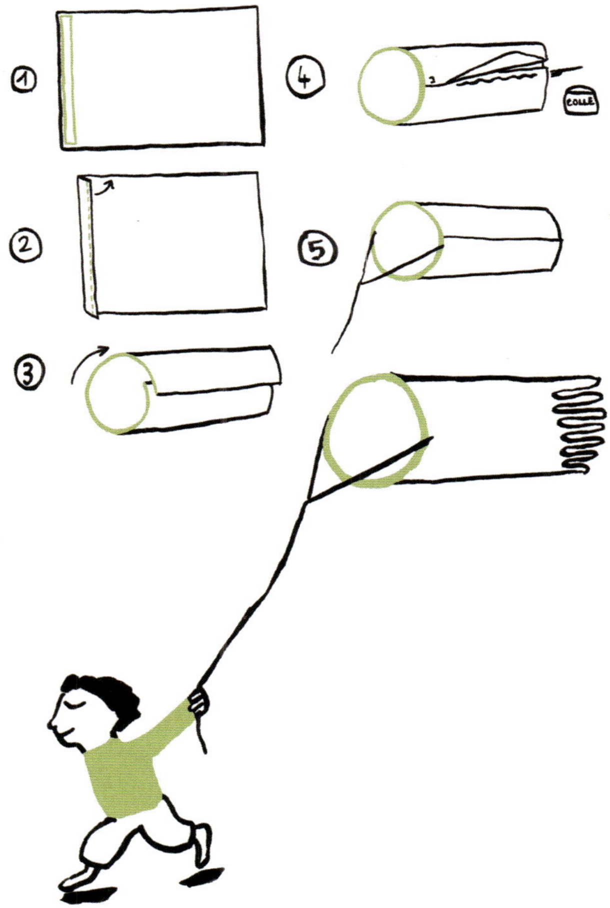

Tu peux t'amuser à suspendre ta manche à air ou bien à la tirer derrière toi tout en courant.
Il est aussi possible de franger l'extrémité de la manche à air.

Bijoux nature

COLLIER DE PÂQUERETTES

Cueille environ huit pâquerettes à longue tige.
Pour les fixer ensemble :
1 - Fends avec les ongles le bout de la tige sur environ 1 cm en laissant intacte l'extrémité.
2 - Introduis dans la fente, comme dans le chas d'une aiguille, la tige d'une seconde pâquerette et tire jusqu'à la fleur.
Ouvre également sa tige en deux et enfile une troisième pâquerette.

Après avoir fendu la tige de la huitième, introduis délicatement la fleur de la première pâquerette.
Ton collier est fermé, tu n'as plus qu'à le mettre autour du cou.

Si tu veux un bracelet, procède de même avec trois ou quatre pâquerettes.

VOICI QUELQUES FLEURS DES CHAMPS : L'AUBÉPINE, LE COUCOU, LA MARGUERITE, LA VIOLETTE, LE BLEUET, LE COQUELICOT, LA CAMPANULE, LA CENTAURÉE.

PERLES DE BOIS

Il te faut : de la ficelle fine, une aiguille et, pour tes parents, un sécateur.

Demande à tes parents de couper des branchettes de sureau en petits rondins de la taille de perles.
On peut varier la longueur des perles.
Enfile-les en passant l'aiguille par le cœur tendre du bois.
Noue la ficelle pour fermer ton collier ou ton bracelet.

COURONNES VÉGÉTALES

Tes parents utiliseront un sécateur.

Couper des jeunes pousses d'arbres flexibles d'environ 60 cm.
Entortille-les en formant le rond d'une couronne. Si cela ne tient pas, utilise de la ficelle.
Plante dedans, en fonction de tes envies : des fleurs, des feuilles (lierre, fougère...), des petits branchages.

POUR FAIRE DES MOBILES DE FLEURS DES CHAMPS ET DE FEUILLES, INSPIRE-TOI DE L'ACTIVITÉ « EN SUSPENSION... » (PAGE 46).

L'été

Faites de la musique !

VERROPHONE

Collecte dans ta maison des récipients en verre : bouteilles, verres, pots de confiture, de moutarde… Pose-les sur un tissu et remplis-les d'eau en variant la hauteur. Pour la baguette, utilise la queue d'une cuillère en bois ou en métal.

Jeu de Kim son (voir page 33) : Un joueur se retourne, l'autre tape sur trois récipients l'un après l'autre. Il faut retrouver lesquels et l'ordre des sons entendus.

MÉTALLOPHONE DU BRICOLEUR

Récupère dans une boîte d'outillage tous les outils non dangereux en métal (clefs à pipe, clefs anglaises…) puis d'autres objets métalliques : tubes, règles, ustensiles de cuisine… Accroche l'ensemble avec deux ficelles et suspends le tout entre deux chaises. Pour la baguette, utilise un gros morceau de bois (type manche à balai) ou une grosse clef.

PROFITE DE LA FÊTE DE LA MUSIQUE POUR DÉCOUVRIR DES MUSIQUES DU MONDE ENTIER.

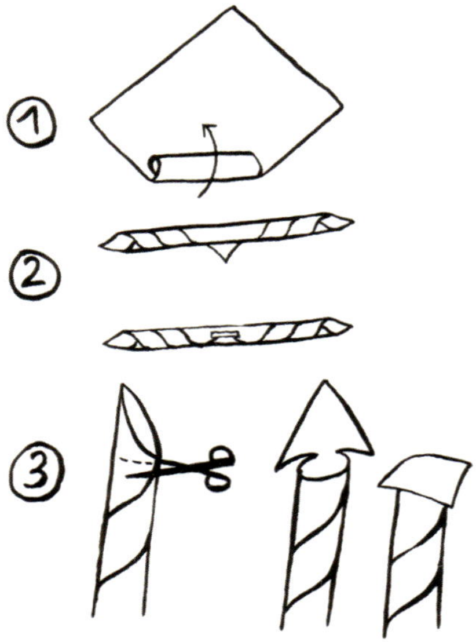

ANCHE EN PAPIER

1 - Roule une feuille A4 en partant d'un coin.
2 - Scotche le dernier coin pour que le tube ne se déroule pas.
3 - Incise une extrémité pour obtenir un triangle. Rabats le triangle sur le tube. Il va faire office d'anche.

Comme avec la flûte pissenlit page 96, glisse le tube dans ta bouche, serre doucement les lèvres et souffle. L'anche va vibrer. (Il faut trouver la bonne position et la puissance adaptée.) Tu peux aussi aspirer à l'autre extrémité.

MARACAS

Remplis au tiers de graines (riz, maïs…), sable, gravier, perles ou petites billes, une petite bouteille en plastique ou un pot de yaourt recouvert de film plastique et fermé avec un élastique.

CLIQUET

Appuie au centre d'un couvercle de petit pot de bébé en le maintenant par les bords.

CITHARE DE POCHE

Entoure de quatre élastiques l'intérieur d'une grande boîte d'allumettes.

POUR FABRIQUER DES INSTRUMENTS À PARTIR DE VÉGÉTAUX, RENDS-TOI PAGE 96.

Partition imaginaire

Il te faut : deux feuilles blanches, une paire de ciseaux, de la colle, un feutre fin noir, une photocopie de partition de musique.

Découpe dans une feuille blanche une ouverture d'environ 5 cm x 3 cm. Dépose cette feuille « percée » sur la partition. En la glissant, tu vois apparaître des signes dans la fenêtre. Cadre ceux qui te semblent les plus intéressants.
Pour les isoler, trace le contour intérieur de la fenêtre avec ton feutre. Recommence plusieurs fois jusqu'à ce que tu aies sélectionné au moins quatre fragments de partition. Découpe-les en suivant les traits de tes cadres puis colle-les à ta convenance sur la seconde feuille blanche.

Continue alors à bien observer ces signes puis, avec le feutre noir, amuse-toi à les reproduire, les associer, les transformer, à prolonger et à détourner les lignes pour recréer sur l'ensemble de cette nouvelle feuille une partition imaginaire.

La même activité peut être réalisée à partir d'autres pistes graphiques trouvées sur des papiers cadeaux ou sur des photocopies de reproductions d'œuvres d'art (Dubuffet, Chaissac, Klee...).

UTILISE TES PARTITIONS IMAGINAIRES POUR DÉCORER LA TABLE OU TA MAISON LE JOUR DE LA FÊTE DE LA MUSIQUE. ELLES PEUVENT ÊTRE AUSSI UN SUPPORT POUR L'ART POSTAL, PAGES 48 À 51.

Cheval chaussette

Il te faut : un vieux manche à balai scié de 1 mètre de long ou un rondin de bois de diamètre équivalent, une grande chaussette en laine ou en coton épais, de la bourre (chutes de laine, kapok...), deux gros boutons, deux triangles de feutrine, une pelote de laine, une aiguille avec un gros chas, une aiguille plus fine et du fil.

Bourre la chaussette jusqu'au talon puis introduis le manche à balai et continue à bourrer la chaussette.

Fixe, à quelques centimètres de son extrémité, la chaussette au manche à l'aide d'un lien en laine bien serré.

Couds les deux boutons à la place des yeux et les deux triangles de feutrine à la place des oreilles.

Avec la laine, prépare une bride. Confectionne une tresse d'environ 1 mètre. Triple chaque brin pour lui donner un peu d'épaisseur.

Enroule la bride une fois autour du museau du cheval avant de la coudre dessus puis ramène les deux extrémités de chaque côté de l'encolure pour les attacher ensemble.

Découpe des brins de laine d'environ 15 cm pour la crinière.

Couds-les sur la tête du cheval pour imiter la crinière.

Il ne te reste plus qu'à galoper vers de nouvelles aventures...

Goûter trappeur

Il te faut : des fruits (banane, pomme, poire, orange), du sucre en poudre, des amandes en poudre, de la crème fraîche, du beurre, du chocolat en tablette et en poudre, des marshmallows, des petites tartines de pain, des brochettes en bois, du papier d'aluminium, des assiettes en carton, des gobelets, une boisson, des petites cuillères, un couteau, un sac-poubelle, une cagette, des serviettes en papier (les trappeurs se salissent beaucoup…). Ne pas oublier d'emporter un seau d'eau près du feu.

Demande à un adulte de préparer le feu ; le mieux est de l'installer dans une prairie au milieu d'un cercle de grosses pierres, mais un barbecue peut très bien convenir.

Pendant ce temps, prépare le goûter :

- Découpe des feuilles carrées dans le papier d'aluminium ; tu poseras dessus les fruits préparés au fur et à mesure.
- Épluche une banane, coupe-la en deux, place en sandwich des carrés de chocolat.
- Pèle et évide une pomme. Verse à l'intérieur une cuillère de ta confiture préférée ou saupoudre-la de cannelle, de sucre roux, et parsème-la de petits morceaux de beurre.
- Pèle et coupe en deux une poire. Enlève le cœur, verse à la place une cuillère de crème fraîche, une cuillère d'amandes en poudre, une cuillère de sucre.
- Enlève la peau d'une orange, détaille-la en quartiers. Arrose généreusement les quartiers de chocolat en poudre.

• Replie les feuilles d'aluminium de façon à former des papillotes.
• Range les papillotes dans une cagette en bois avec le reste du matériel dont tu as besoin, la cuisson va pouvoir commencer.
• Demande à un adulte de placer les papillotes sous les braises. Il ne doit plus y avoir de flammes. Les fruits cuisent environ en 10 minutes. En attendant, tu peux faire griller des petits morceaux de pain ou faire fondre les marshmallows au bout des brochettes.

Attention, les papillotes sont brûlantes ; pose-les sur des assiettes, déplie doucement le papier et régale-toi !

EN ATTENDANT TON GOÛTER, TU PEUX JOUER À GRELI-GRELO (PAGE 21) AVEC DES NOYAUX DE CERISES.

Collection d'ombres

Il te faut: un appareil photo, des feuilles format A4 et un cahier porte-vues (un projecteur ou un spot et une rallonge électrique pour les photos à l'intérieur).

En te promenant dehors,
cherche des ombres que tu trouves intéressantes, originales ou qui transforment l'apparence des objets.
Photographie-les en ne cadrant que l'ombre.
Colle les photos sur des feuilles et range-les dans un cahier porte-vues.
Tu peux aussi chercher à créer des ombres à photographier à l'intérieur de la maison.
Utilise alors un projecteur ou un spot pour éclairer des objets que tu pourras mettre en scène.

Attention, demande à un adulte de t'aider à brancher et à déplacer la lampe qui devient vite brûlante.

CONNAIS-TU LES FRUITS DE L'ÉTÉ ? GROSEILLE, CASSIS, FRAMBOISE, MYRTILLE, MELON, PASTÈQUE, ABRICOT, PÊCHE, BRUGNON, FIGUE, PRUNE (QUETSCHE, REINE-CLAUDE, MIRABELLE...), MÛRE.

Tu chauffes! Le cache-tampon

Il te faut: un objet à cacher.

À partir de deux joueurs.

Demande à ton partenaire de ne pas regarder ce que tu fais.
Pendant ce temps, cache l'objet dans le jardin, dans la forêt, sous un tas de feuilles ou dans ta maison.
Quand tu as fini, le second joueur doit le retrouver.

Tu vas l'aider en le guidant par la voix :
« Tu es froid » s'il est loin.
« Tu es chaud » s'il est près.
« Tu chauffes » s'il se rapproche.
« Tu refroidis » s'il s'éloigne.
« Tu brûles » s'il est très près de l'objet.
Quand l'objet est trouvé, on inverse les rôles.

Au lieu de parler, tu peux aussi utiliser un instrument en jouant de plus en plus fort quand le joueur se rapproche.

SI TU VEUX MANGER TES POMMES DE TERRE NOUVELLES, IL EST TEMPS DE LES ARRACHER (FIN JUIN) (« PATATES À GOGO », PAGE 88).

Sangria au thé et aux fruits

Il te faut : 1 litre d'eau, trois sachets de thé Earl Grey, 1/4 de litre de limonade, deux pêches, deux brugnons, quatre abricots, 1/2 verre de sucre.

Demande à un adulte de faire bouillir l'eau. Laisse infuser les sachets de thé 3 minutes. Dans le thé chaud, ajoute le sucre, puis les fruits lavés, épluchés et coupés en morceaux. Laisse refroidir le mélange au réfrigérateur plusieurs heures. Au moment de servir, ajoute la limonade.

L'ÉTÉ SUR LA PLAGE, COLLECTE DES GROS COQUILLAGES, ILS POURRONT TE SERVIR DE MOULE À GÂTEAU OU À ROUDOUDOU (AVEC DU CARAMEL).

Quand est-ce qu'on arrive ?

Jeux de langage pour la voiture.

J'AI FAIM…

Le premier joueur dit : « J'ai faim, je mangerais bien une pomme. » Le second reprend la même phrase et ajoute un nouvel aliment : « J'ai faim, je mangerais bien une pomme et une glace à la mangue. » Le troisième joueur répète la phrase en entier puis ajoute un aliment… On continue à tour de rôle jusqu'à ce qu'un joueur n'arrive plus à mémoriser l'enchaînement.
Tu peux jouer aussi à partir de la phrase : « Quand je pars en voyage j'emporte… »

AIR, TERRE, EAU

Un joueur annonce le nom d'un animal. Le second joueur doit dire s'il vit dans l'air, sur terre ou dans l'eau. Il est possible de jouer dans le sens contraire : un joueur annonce un ou deux lieux de vie, l'autre propose le nom d'un animal.

ON CONNAÎT LA CHANSON

Un joueur chante une chanson en remplaçant les paroles par : « mmmm ». Les autres joueurs doivent deviner de quelle chanson il s'agit.

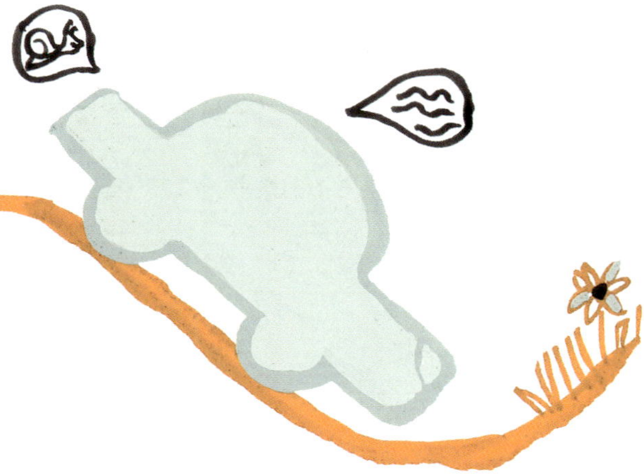

ÇA ME RAPPELLE...

C'est un jeu d'association d'idées. On joue chacun son tour. Le premier joueur dit un mot au hasard (par exemple « mer »). Le second joueur répète le premier mot et en énonce un deuxième qui lui passe par la tête par association d'idées (« mer, phare »)... Arrivé au dixième mot, on repart en arrière en enlevant un mot à chaque fois jusqu'au premier mot énoncé seul.

PIGEON VOLE

Un joueur propose le nom d'un animal. Le second lève la main en disant : « Vole ! » s'il vole. Tu peux jouer avec d'autres catégories : dans une cuisine, pour s'habiller, au bord de la mer...

LES PORTRAITS

C'est un jeu de devinettes. Un joueur pense à un animal. Les autres doivent le deviner en ne lui posant que des questions fermées (auxquelles on ne répond que par oui ou non).
Tu peux aussi choisir d'autres catégories : personnes réelles connues, personnages, métiers, objets familiers...

COMPTER

Tu peux t'amuser à compter le plus loin possible, puis de deux en deux, de trois en trois, de cinq en cinq.
Tu peux aussi essayer de décompter, puis de deux en deux...

CES JEUX SONT ÉGALEMENT INDIQUÉS POUR LES PROMENADES, SURTOUT SI LE TEMPS COMMENCE À TE PARAÎTRE LONG...

Carnet de voyage

Le carnet de voyage est un cahier où tu pourras dessiner, écrire, dicter... tous tes souvenirs de vacances. Quand tu seras rentré chez toi, tu auras certainement beaucoup de plaisir à le relire.

Il te faut : un beau cahier à pages blanches, quelques feuilles de dessin et une trousse de voyageur avec des crayons de couleur, des feutres, des craies à la cire, des stylos, une paire de ciseaux, de la colle (au moins deux tubes) et des étiquettes autocollantes.

QUELQUES PREMIÈRES IDÉES

Recueille, collecte un grand nombre de prospectus dans les offices de tourisme, les musées. Tu pourras y découper des mots ou des images qui te serviront à raconter tes journées. Tu peux aussi acheter quelques belles cartes postales.

Garde tous les imprimés que tu utilises : plans, cartes, tickets de transport (avion, train, bus, métro...), tickets d'entrée (cinéma, aquarium, musée, exposition, zoo, spectacle, parc...), menus, prospectus de musée, fiches documentaires sur des lieux, fiches publicitaires de films... Colle-les dans ton carnet.

Dicte à tes parents tes souvenirs de la journée : anecdotes, activités, promenades, faits marquants, visites, liste des jeux de plage auxquels tu as joué...
Comme Georges Perec, tu peux dicter un texte où toutes les phrases commencent par « Je me souviens ».

Dessine pour évoquer tes activités, les personnes ou les animaux que tu as rencontrés, les moyens de transport pris, tes lieux de vacances (intérieur, extérieur)...
Écris la date, copie des mots importants ou de courtes phrases.
Écris avec des lettres découpées dans des magazines.

CUEILLE DES PLANTES QUI NE POUSSENT PAS CHEZ TOI ET COLLE-LES DANS TON CARNET. POUR SAVOIR LES FAIRE SÉCHER, RENDS-TOI PAGE 101.

gute Reise

guten Tag

buen viaje

buenos dias

bom dia

QUELQUES PAGES SPÉCIALES

• Mon petit-déjeuner :
colle les étiquettes des emballages de ton petit-déjeuner.

• J'aime manger : si tu es dans une région ou un pays proposant des spécialités culinaires locales, dicte, écris, dessine ou colle les emballages de tes menus favoris. Si tu es à l'étranger, tu trouveras aussi des emballages d'aliments qui te sont familiers mais rédigés dans la langue locale.

• Petit lexique des mots courants et des nombres dans un pays étranger (à écrire par tes parents).

PROFITE DE TES VOYAGES POUR ENVOYER DES COURRIERS D'ART POSTAL (PAGES 48 À 51).

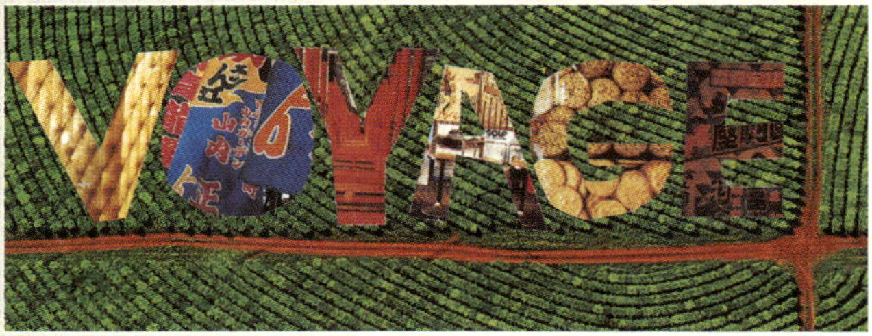

↓ Dessine avec des jeux de lignes les trajets que tu as effectués : voyage en voiture, balade à pied...
Si tu as un plan de ville, demande à tes parents de t'aider à tracer l'itinéraire d'une promenade, d'entourer les lieux que tu as visités...

↑ Pour réaliser la couverture, découpe dans les documents collectés (prospectus, cartes postales...) des images et des mots clefs illustrant ton voyage.
Réalise un montage/collage recouvrant intégralement la couverture de ton cahier.

← Relève les empreintes de troncs d'arbres, de dessins en relief sur le sol ou sur les murs (technique de l'estampage) :
Place une feuille de papier blanc sur le motif que tu veux relever. Prends une craie grasse et frotte-la à plat sur l'intégralité du support. Avec la couleur déposée, tu vas voir apparaître les formes du dessous. Un peintre sculpteur, Arman, le faisait avec les bouches d'égout des grandes villes du monde entier.

• Dessine les formes que tu as vues dans les nuages.

« L'ALBUM DE MON DOUDOU » : TU PEUX REFAIRE L'ACTIVITÉ PAGE 6 À PARTIR D'UNE JOURNÉE DE VACANCES DE TON DOUDOU.

←Construis des dessins en volume comme dans les livres animés :

1 - Plie une feuille de dessin en deux.

2 - Découpe sur la ligne de pliage deux fois deux encoches de longueur identique (par exemple 4 cm pour deux encoches côte à côte et 6 cm pour les secondes).

3 - Ouvre la feuille à moitié. Plie les encoches dans le sens opposé au pli initial (elles doivent « sortir » de la feuille).

Dessine à l'intérieur sur le plan horizontal le sol, la mer ou la piscine et sur le plan vertical, les murs, les maisons, les arbres… Sur une seconde feuille, dessine en petit deux personnes ou des groupes de personnes de ta famille présentes dans ce lieu. Découpe-les et colle-les sur le bas des encoches présentes à l'intérieur de la carte.

• Réalise une fiche documentaire sur les étapes de fabrication de spécialités locales : jouet en bois, sucrerie, tapisserie et autre artisanat.

• Fabrique des pochettes pour y insérer les cartes postales que tu as reçues, les prospectus volumineux, les plans…

• Réserve une place pour coller les photos que tu as prises.

COLLECTIONNE LES SABLES. GARDE-LES DANS DES PETITS FLACONS EN INDIQUANT LE NOM DE LA PLAGE, ET OBSERVE LES DIFFÉRENCES DE COULEURS (VOIR AUSSI PAGE 19).

À vos arcs !

Corbeau

Pour des raisons de sécurité, la construction de l'arc sera réservée à un adulte.

Il te faut : une scie à bois vert, un couteau bien taillé, de la ficelle.

Pour avoir une longue tige de bois droite et flexible, cherche un noisetier. (Si tu n'en trouves pas, questionne un écureuil.) L'adulte qui t'accompagne devra couper au centre de l'arbre (les branches y sont plus droites) l'un des petits troncs. Le bas, partie au diamètre le plus important, servira d'arc, le haut de flèches.

Avec le couteau, ôter toutes les ramifications et les feuilles. Couper le bas de la tige d'une longueur de 1 mètre. Creuser des encoches aux deux extrémités, elles serviront d'emplacements à la ficelle. Fixer fermement la ficelle d'un côté, puis, en courbant la tige (le noisetier est flexible, la tige ne se cassera pas), procéder de même à l'autre extrémité. Attention, si l'on arque trop la tige, l'arc perdra de la puissance.

En utilisant le haut de la branche restant, couper des flèches d'environ 60 cm. Tailler légèrement la pointe du côté le plus fin et creuser une encoche pour guider la ficelle de l'autre côté.

À toi de jouer !!!

Mésange charbonnière

COMPLÈTE « L'ALBUM DE MON DOUDOU » AVEC DES PHOTOS DE VACANCES (PAGE 6).

Tu peux décorer ton arc avec des plumes d'oiseau. Amuse-toi à en chercher ! En voici quelques-unes simples à reconnaître.

POUR TE CONSTRUIRE TON TIPI, RENDEZ-VOUS PAGE SUIVANTE.

Tipi de papoose

Il te faut : trois longs rondins de bois de taille identique (à partir de 2 mètres), de la ficelle, des branchages, de grands tissus ou de vieilles couvertures.

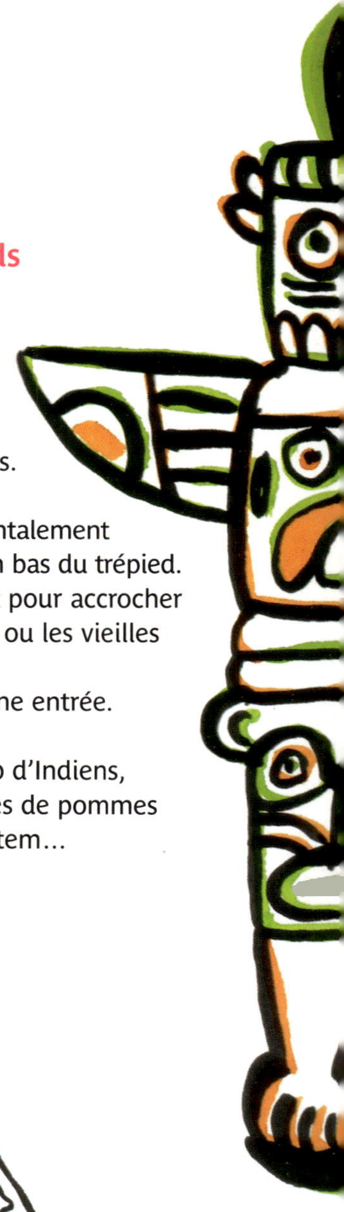

UGH !

Pose au sol côte à côte les trois rondins de bois. Lie-les à l'une de leurs extrémités par un nœud de tête de bigue.

Le nœud de tête de bigue :

1 - Commence par faire un nœud de batelier.

2 - Ajoute des tours de frappe.

3 - Finis par un nœud plat liant les deux bouts de la ficelle.

Redresse les trois mâts en écartant bien les pieds.

Pour fermer le tipi :

Tends de la ficelle horizontalement tous les 40 cm de haut en bas du trépied. Elle te servira de support pour accrocher les branchages, les tissus ou les vieilles couvertures.

N'oublie pas de laisser une entrée.

Pour aménager ton camp d'Indiens, installe des allées bordées de pommes de pin et construis un totem…

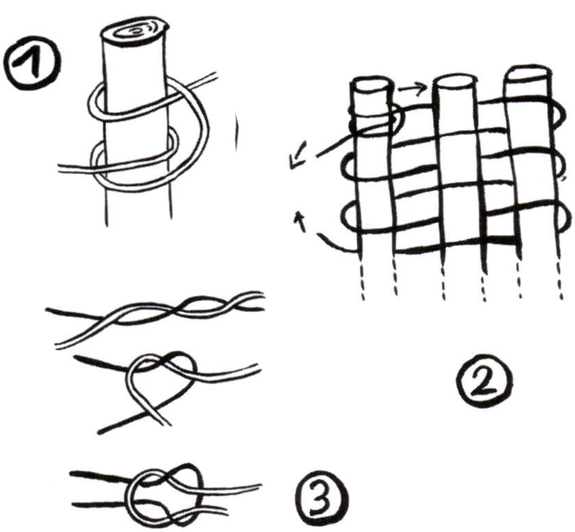

TU PEUX AUSSI TE FABRIQUER UN ARC (PAGE 126) OU ORGANISER UN GOÛTER TRAPPEUR (PAGE 114).

Glace à l'abricot

Il te faut : 500 g d'abricots bien mûrs, 200 ml de crème fraîche, 1 pot de yaourt nature bulgare, 150 g de sucre en poudre, un couteau, un mixeur, un saladier, une grande cuillère, des petites cuillères en plastique.

Lave les fruits, mixe-les en purée après avoir ôté les noyaux.
Ajoute le sucre, mélange bien.
Ajoute le yaourt et la crème fraîche.
Verse cette préparation dans des petits pots (pots de petits-suisses, moules à esquimaux, moules de ta dînette bien nettoyés…) et place au centre de chaque petit pot une cuillère en plastique.

Tes glaces vont prendre au congélateur en 2 heures. Pour les démouler plus facilement, passe les pots rapidement sous un filet d'eau chaude.

SI TU VEUX FAIRE DE LA CONFITURE D'ABRICOTS, RENDS-TOI PAGE 7 (CONFITURE DE MÛRES) ET CONSERVE LES MÊMES PROPORTIONS.

Circuit de sable

Il te faut: une bille par joueur.

POUR CONSTRUIRE LE CIRCUIT

Trace dans le sable humide, avec les mains ou avec une petite pelle, des chemins, des routes, des ponts, des tunnels sans aucun carrefour.
Le tracé doit former un circuit continu.
Construis de chaque côté de la piste des murs et des virages relevés afin qu'une bille qui roule ne puisse sortir.

LE JEU

Chaque joueur a une bille. Le premier joueur place sa bille sur la ligne de départ (qui sera aussi la ligne d'arrivée) et fait une pichenette avec le pouce ou l'index pour l'envoyer le plus loin possible. Si tu n'y arrives pas, lance ou pousse la bille avec la main.
On joue chacun son tour, le premier ayant franchi la ligne d'arrivée a gagné. Si une bille sort du circuit, elle doit être remise en jeu au tour suivant à l'emplacement de sa sortie. La partie peut se jouer en plusieurs tours.

INSTALLE EN LIGNE LE PLUS GRAND NOMBRE POSSIBLE DE PÂTÉS DE SABLE. COMPTE-LES. LE JEU POURRAIT SE TERMINER EN LES ÉCRASANT TOUS, PAS À PAS, SANS EN RATER UN.

La comète : objet volant identifié

Il te faut : un carré de tissu d'environ 20 cm x 20 cm, de la ficelle, un peu de sable, un sac-poubelle en plastique, une paire de ciseaux.

LE CORPS DE LA COMÈTE

Verse le sable au milieu du carré de tissu. Joins les bords du tissu de manière à former un petit sac. Ferme-le en nouant la ficelle. Laisse dépasser d'une quarantaine de centimètres un brin de ficelle.

LA QUEUE DE LA COMÈTE

Ouvre le sac-poubelle en deux et découpe-le en bandes d'environ 4 cm de largueur x 70 cm de longueur. Fixe l'extrémité des bandes au sac avec la ficelle.

PREMIER VOL

Dans un espace dégagé, saisis le brin de ficelle qui dépasse. Par de grands mouvements circulaires, fais tourner la comète sur le côté comme avec une fronde. Quand elle a pris de la vitesse, lâche la ficelle en bloquant ton bras en avant vers le haut. C'est partiii !

AU MOIS D'AOÛT, NE RATE SOUS AUCUN PRÉTEXTE LES NUITS DES ÉTOILES FILANTES ! ET POUR MIEUX LES VOIR, IL FAUT ÊTRE À LA CAMPAGNE.

Les images du carnet de voyage

Il te faut : ton carnet de voyage, ta trousse de voyageur (voir page 122), quelques feuilles de dessin.

JOUER AVEC LES IMAGES

Quelques propositions pour valoriser les images que tu as collectées (prospectus, cartes postales, photos...) :

Trace avec tes craies grasses le contour des formes puis colorie l'intérieur des espaces jusqu'à ce que le support disparaisse. Laisse uniquement le contour de l'image intact, soit un cadre d'environ 2 cm de large. →

← Découpe ton image en bandes régulières puis recolle-les en laissant un espace identique entre chaque bande.
Avec des feutres, insère des graphismes dans ces espaces vides en t'inspirant des pistes données par l'image ou relie les lignes sectionnées de l'image.

Découpe deux images différentes en bandes régulières et recolle-les en alternance. →

FAIS DES SURPRISES À TES PROCHES : UTILISE TES CRÉATIONS EN ART POSTAL (PAGE 48).

↑ Découpe deux images identiques en bandes régulières semblables et recolle-les en alternance. Tu vas avoir l'impression que tout s'est allongé.

↑ Légende ton image par la couleur : colle-la au centre d'une feuille afin d'obtenir un cadre. Recouvre ce dernier en collant, sous forme de patchwork ou de mosaïque, des petits papiers déchirés ou prédécoupés en forme de carrés. Leurs couleurs doivent être identiques à celles observées dans l'image. Leurs proportions seront aussi fidèles que possible. Tu peux également utiliser des outils comme des craies, des crayons de couleur ou des feutres et colorier des zones du cadre.

↑ Découpe l'image en formes diverses ou régulières (carrés, triangles, lignes courbes). Reconstitue-la comme un puzzle et colle les pièces sur une feuille de couleur.

AJOUTE UN PEU D'ENCRE (À L'EAU) DANS UN TUBE CONTENANT DU PRODUIT À BULLES DE SAVON. ENFILE UN TABLIER ET SOUFFLE AU-DESSUS D'UNE GRANDE FEUILLE DE PAPIER. TU OBTIENDRAS DES DESSINS DE CRATÈRES, D'EXPLOSIONS, DE SOLEILS, DE VOLCANS…

Les jeux du carnet

Rends ton carnet de voyage interactif en inventant des jeux.

LES DEVINETTES

• Invente une devinette à partir des lieux que tu as visités ou des personnes que tu as rencontrées.
Découpe un grand carré dans une feuille de papier. Colle uniquement un bord sur ton cahier de manière à obtenir une fenêtre qui s'ouvre. Demande à tes parents d'écrire la question sur la fenêtre et la réponse dessous. Tu peux associer une image à la question ou à la réponse : Qui est-ce ? Quelle est cette ville ? Quel est cet objet ? Comment se nomme ce coquillage ? Que fait-on avec cet objet ? Que font ces personnes ?...
Ce jeu te permettra de mémoriser des mots nouveaux.

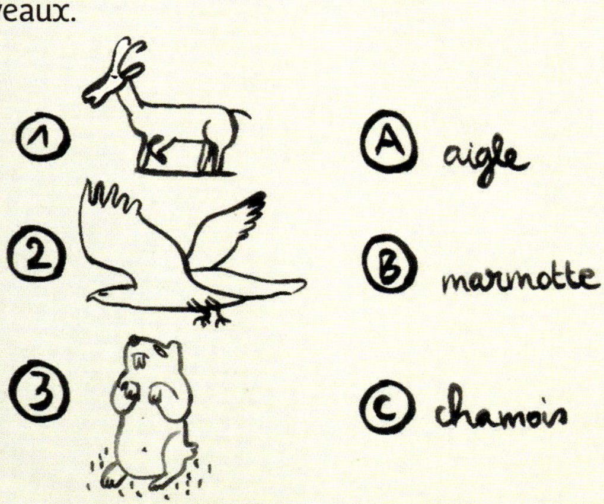

• Cherche des images représentant un type d'objets, d'animaux (de fruits, coquillages, algues, poissons, animaux de la montagne)... Colle-les sur ton cahier. Demande à tes parents d'écrire leur nom sur le côté. Le jeu consiste à associer le mot à l'image. Tu peux numéroter chaque image et attribuer une lettre à chaque mot.

• Pour les enfants les plus âgés : Retrouve un mot à partir de lettres mises en désordre.

• Tu peux aussi inventer des charades.

LES LABYRINTHES

Trouve d'abord le but du jeu :
Quel chemin prendre
pour aller à la plage ?
Chez le marchand de glaces ?
Au sommet de la montagne ?
Pour trouver le beau coquillage ?...

Il y a plusieurs points
de départ possibles.
Choisis quatre départs.
Numérote-les.
Trace quatre chemins.
Ils doivent parfois
se croiser mais attention,
s'il y a trop de carrefours,
le jeu devient impossible.
Le tracé du chemin peut être
symbolisé par une ligne
(pour les enfants les plus jeunes)
ou par des doubles traits.
Choisis une arrivée et dessine ou colle
une image représentant l'objet de la quête.
Pour les autres arrivées, invente des pièges.

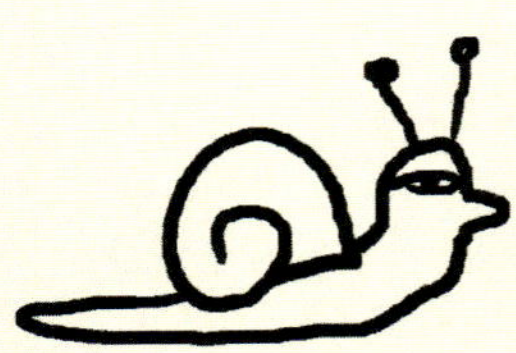

LE DESSIN CACHÉ

Il faut retrouver dans ton cahier la page
où tu as dessiné un petit escargot,
un cactus...

JEU : RETROUVE DANS CE LIVRE LES PAGES OÙ SONT DESSINÉS : UNE FEUILLE DE TILLEUL, UN GRAND SERPENT, UN FLOCON DE NEIGE, UNE PLUME DE MÉSANGE, UNE PINCE À LINGE, UN DRAGON, UN CŒUR, UN PETIT LOUP.

Circuit d'eau au bord du torrent

POUR CONSTRUIRE LE CIRCUIT

Choisis un emplacement sur le bord du torrent où le courant n'est pas trop fort. Avec tes parents, en suivant le fil de l'eau, jalonne les deux côtés de ta piste avec de grosses pierres puis finis la construction des murs en bouchant les espaces vides avec de plus petites pierres et des cailloux.
Il peut y avoir des virages plus ou moins serrés, de grosses « pierres obstacles » au milieu du circuit faisant office de rond-point, et même des tunnels (pose en travers, au-dessus du niveau de l'eau, une grande pierre plate ou du bois). Teste régulièrement ton parcours en faisant flotter de petits morceaux de bois.

Ajoute des cailloux ou des pierres bien orientées dans les endroits où ils pourraient se bloquer. Monte un petit cairn au départ et à l'arrivée.

LE JEU

Chaque joueur choisit un petit bâton ou un morceau d'écorce et se place en haut du parcours. Au signal, chacun lâche son bolide… Le premier arrivé a gagné !
Conseil : Avant la course, sélectionne ton champion en essayant le circuit avec des morceaux de bois de tailles différentes.

CUEILLE, ÉGRÈNE DE LA LAVANDE, FAIS-LA SÉCHER, PUIS PLACE LES FLEURS DANS DES PETITS SACHETS DE TISSU. ILS PARFUMERONT LES ARMOIRES À LINGE DE LA MAISON.

Land art à la rivière

Le land art, tendance de l'art contemporain, se caractérise par un travail éphémère dans la nature (artistes représentatifs : Andy Goldsworthy, Nils Udo, Christo ou parfois Giuseppe Penone).

En vacances, la rivière est un lieu privilégié de jeu.
Quand elle est peu profonde, elle peut devenir une feuille blanche accueillant le volume d'une installation, une toile-miroir ouverte aux ondulations.
Choisis ton emplacement.
Regarde-le attentivement et imagine quelle installation tu pourrais mettre en place.
Elle peut associer des formes ou représenter quelque chose.
Ramasse des pierres de tailles identiques ou différentes selon tes besoins puis agence-les au fond de l'eau.
Quand ton installation est terminée, recule-toi et observe : les reflets de la lumière, les effets du courant ou de quelques petits cailloux lancés déforment son image.

DANS L'EAU, ON PEUT FAIRE LA RONDE EN CHANTANT : *SUR LE PONT D'AVIGNON* (« LES MESSIEURS FONT COMME ÇA... » EN METTANT PROGRESSIVEMENT LA TÊTE SOUS EAU !), *DANSONS LA CAPUCINE*, *SAVEZ-VOUS PLANTER LES CHOUX*, *JEAN PETIT QUI DANSE*...

AOÛT

Quand est-ce qu'on arrive ? Le retour

Jeux de langage pour des enfants à partir de 5 ans.

AVEC LES SYLLABES

• Récite une comptine, parle ou chante une chanson simple en tapant chaque syllabe dans les mains.

• Récite une comptine, parle ou chante une chanson simple en doublant toutes les syllabes. Par exemple : « Frè frè, re re, Ja Ja, cques cques... »

• « Trois petits chats, trois petits chats, trois petits chats chats chats, Chapeau d'paille, chapeau d'paille, chapeau d'paille paille paille, Paillasson... » Comme dans cette célèbre chanson, tu peux essayer d'inventer une suite de mot (anadiplose). La règle est simple : le mot suivant doit commencer par la dernière syllabe du mot précédent.

AVEC LES SONS

Pigeon vole auditif

Un joueur choisi un son, l'annonce (commencer par [i] ou [a]) puis propose des mots. Le second joueur lève la main en prononçant le son s'il est contenu dans le mot énoncé.

Niveaux de difficultés : 1. Le son [i] est en initiale. Par exemple : « hirondelle ». 2. Le son est en finale. Par exemple : « souris ». 3. Le son est dans le corps du mot. Par exemple : « hérisson ».

DE RETOUR À LA MAISON, N'OUBLIE PAS D'ARRACHER TES POMMES DE TERRE SI TU NE L'AS PAS ENCORE FAIT (« PATATES À GOGO », PAGE 88).

Le corbillon

La maison des [on] : Recherche des choses que l'on peut trouver dans le corbillon ou dans la maison du son [on]. C'est un son assez courant en français. Tu peux faire ensuite le même jeu avec « dans le panier », son [ier], dans la cassette, son [ette].

Au marché de Singapour, j'ai acheté…

Recherche des choses que l'on peut acheter au marché de Singapour. Attention, cette fois, il faut que cela commence par le son [s], comme le début du mot Singapour.
Tu peux faire ensuite le même jeu avec le marché de Madrid (son [m]), le marché de Shanghai (son [ch])… (Utiliser d'abord des consonnes à sons longs.)

Les intrus

- Mme Garozi est allée au marché et a acheté… :
Trouve des mots sans [i] (Gare aux i.)
- Marché de Padi Pado :
C'est le même jeu mais, cette fois, il ne faut pas de [i] et pas de [o].
- Un lieu sans air sans eau…
Il faut nommer des lieux où l'on n'entend ni [r] ni [o].
Pour les grands frères et les grandes sœurs : on ne révèle pas l'astuce au début du jeu !

COMPLÈTE TON JEU DE RETOURNETTE (PAGE 8) AVEC TES PHOTOS DE VACANCES.

QUELQUES PISTES DE LECTURES
en rapport avec les activités

L'album de mon doudou, p. 6
Le Doudou des camions-poubelles, Ati, éd. Thierry Magnier, 2006.
Monsieur Carotte, É. Manceau, É. Ortiou Campion, éd. Thierry Magnier, 2007.

Ainsi font… les marionnettes, p. 26
Prince de naissance, attentif de nature, J. Benameur, K. Couprie, éd. Thierry Magnier, 2004.

«Noël c'est dans combien de dodos ?», p. 38
25 Noëls en musique (livre-CD), S. Humann, collectif d'illustratrices, Actes Sud Junior, 2003.

«À Noël…» Jeu de langage, p. 41
Comptines pour doigts et menottes (livre-CD), M. Hion, F. Mansot et ses élèves, musique de A. Schneider, Actes Sud Junior, 2004.

La galette des rois, p. 54
Dans la galette, il y a…, A. Louchard, Moreno, éd. Thierry Magnier, 1999.

Sculptures de papier, p. 70
Mathilde et les petits papiers (livre-CD), B. Fontanel, M. Boutavant, musique de A. Schneider, raconté par S. Flon, Actes Sud Junior, 2003.

1, 2, 3… dans le livre ! p. 80
1, 2, 3… dans l'arbre ! de A. Ravishankar, S. Rao et D. Bai, Actes Sud Junior, 2006.

Bonshommes d'art brut, p. 87
Bobines d'art brut, L. Peiry, éd. Thierry Magnier, 2002.
Le Manège de Petit Pierre, M. Piquemal et C. Merlin, Albin Michel Jeunesse, 2005.

Musique verte, p. 96
Pour reconnaître les chants d'oiseaux :
Le Roitelet (livre-CD), conte des frères Grimm, M. Daniau, Actes Sud Junior, 2002.

Mon imagier, p. 100
Tout un monde, 1999 ; *À table*, 2002 et *Au jardin*, 2003, de A. Louchard et K. Couprie, éd. Thierry Magnier.
Des couleurs et des choses, Tana Hoban, Kaléidoscope, 1990.

Sur Internet :
- Le site de l'illustratrice : www.magalibardos.com
- La marionnette, outil médiateur de langage, Christophe Lécullée, 2004 : www.bienlire.education.fr/02-atelier/fiche.asp?theme=1110&id=1363

INDEX DES ACTIVITÉS

Les numéros de pages suivis d'un (b) renvoient à la brève figurant en bas de page.

INDEX DES MOTS-CLÉS

Les numéros de pages suivis d'un (b) renvoient à la brève figurant en bas de page.

Avec tous nos remerciements à nos parents, à Michel et Babeth Peltier, Aline Lécullée, Véronique Lécullée, Éric Schoën, Joël et Danielle Clayette, Isabelle Fruchaud, Gérard Olivieri, les CEMÉA (centres d'entraînement aux méthodes d'éducation active), Danielle Grassart, Arlette Lebreton, Josette Denizart, Annick Perrin, François Gaudou, Annick Lorant-Jolly, Laure Dufresne. Et à tous les enfants et jeunes avec lesquels nous avons eu le plaisir de travailler en centres de vacances, en stages ou dans nos écoles.

Les éditeurs remercient le petit Octave qui a su attendre patiemment la fin du travail de sa maman… pour voir le jour.

CRÉDITS PHOTOGRAPHIQUES

Les photographies figurant dans cet ouvrage sont de **Magali Bardos**, excepté :

Katy Couprie : p. 4-5, p. 36-37, p. 74-75, p. 108-109.

Christophe Lécullée et Isabelle Peltier-Lécullée : p. 14-15, p. 31, p. 93, p. 116-117, p. 136-137.

D. R. : p. 122-123, p. 124-125, p. 132-133.

Reproduit et achevé d'imprimer en juillet 2007 par l'imprimerie Pollina à Luçon
pour le compte des éditions ACTES SUD - Le Méjan Place Nina-Berberova - 13200 Arles
Dépôt légal 1re édition : août 2007 - N° impression : L 43701 *(Imprimé en France)*